Sabor da Itália

Uma Jornada Culinária Pelas Regiões Italianas

Luca Rossi

ÍNDICE

Pastelaria Salgada 8

Torta De Ricota De Espinafre 11

Torta de alho-poró 13

Sanduíches de mussarela, manjericão e pimenta assada 15

Sanduíches de Espinafre e Robiola 17

Sanduíche Riviera 19

Sanduíches Triangulares de Atum e Pimentão Assado 22

Sanduíches Triangulares de Presunto e Figo 24

Maçãs Assadas Amaretto 26

Bolo de Maçã da Lívia 29

Damascos em calda de limão 32

Bagas com Limão e Açúcar 34

Morangos com Vinagre Balsâmico 36

Framboesas com Mascarpone e Vinagre Balsâmico 38

Cerejas em Barolo 40

Castanhas Assadas Quentes 42

Conservas de Figo 44

Figos Mergulhados em Chocolate 46

Figos em calda de vinho 48

Figos Assados de Dora 50

Melada em xarope de menta 52

Laranjas em calda de laranja 53

Laranjas Gratinadas com Zabaglione 55

Pêssegos Brancos em Asti Spumante 57

Pêssegos em Vinho Tinto 58

Pêssegos Recheados com Amaretti 59

Peras ao Molho de Laranja 61

Peras com Marsala e Creme 63

Peras com Molho de Chocolate Quente 65

Peras temperadas com rum 67

Peras Temperadas com Pecorino 69

Peras escalfadas com gorgonzola 72

Bolo Pudim De Pêra Ou Maçã 74

Compota de Fruta Quente 77

Fruta Caramelizada Veneziana 79

Fruta com Mel e Grappa 81

Salada de frutas de inverno 83

Fruta Grelhada de Verão 85

Ricota Quente com Mel 87

Café Ricota 88

Mascarpone e Pêssegos 90

Espuma de chocolate com framboesas 92

Tiramisu 94

Tiramisù de Morango 97

Bagatela Italiana 99

Sobremesa italiana 101

Zabaglione de chocolate 103

Zabaglione gelado com frutas vermelhas 105

Gelatina de Limão 107

Gelatina de Rum Laranja 110

Gelatina Expresso 112

Panna Cotta 114

Anéis de Manteiga 118

Nós de Limão 120

Biscoitos de especiarias 123

Biscoitos de wafer 125

Ravióli Doce 128

Cookies "feios, mas bons" 131

Pontos de congestionamento 133

Biscotti de chocolate duplo com nozes 135

Beijos de chocolate 138

Chocolate sem assar "Salame" 141

Biscoitos Prato 143

Biscotti de frutas e nozes da Úmbria 145

Biscotti de limão e nozes 148

Biscoito de nozes 150

Macaroons de Amêndoa 152

Macaroons de pinhão 155

Barras de avelã 157

Biscoitos De Manteiga De Nozes 159

Biscoitos Arco-Íris 161

Biscoitos de Figo de Natal 165

Amêndoa Frágil 169

Rolinhos de Nozes Sicilianas 171

Pão de ló 174

Bolo De Esponja Cítrico 176

Bolo De Azeite De Limão 179

Bolo mármore 181

Bolo de rum 184

Bolo da vovó 187

Bolo De Amêndoa De Damasco 191

Torta de frutas de verão 194

Torta de frutas de outono 196

Bolo De Polenta E Pêra 198

Cheesecake de Ricota 201

Bolo De Ricota Siciliano 204

Bolo De Migalha De Ricota..208

Bolo De Trigo De Páscoa...211

Bolo De Chocolate Avelã..216

Bolo De Amêndoa De Chocolate..220

Torta De Chocolate Com Laranja..223

Pastelaria Salgada

Massa Frolla Salata

Faz uma casca de torta de 9 a 10 polegadas

Uma torta saborosa semelhante a uma quiche pode ser feita com queijo, ovos e vegetais. Essas tortas ficam boas em temperatura ambiente ou quentes e podem ser servidas como piatto unico – refeição de um prato – ou como aperitivo. Esta massa é boa para todos os tipos de tortas salgadas.

Estendo essa massa entre duas folhas de filme plástico. Evita que a massa grude na tábua e no rolo, por isso não é necessário adicionar mais farinha, que pode endurecer a massa. Para garantir que a crosta fique crocante no fundo, pré-asso parcialmente a casca antes de adicionar o recheio.

1 1/2 xícaras de farinha de trigo

1 colher de chá de sal

1/2 xícara (1 palito) de manteiga sem sal, em temperatura ambiente

1 gema de ovo

3 a 4 colheres de sopa de água gelada

1. Prepare a massa: Misture a farinha e o sal em uma tigela grande. Com um liquidificador ou garfo, corte a manteiga até que a mistura fique parecida com migalhas grossas.

2. Bata a gema com 2 colheres de sopa de água. Polvilhe a mistura sobre a farinha. Misture levemente até que a massa fique uniformemente umedecida e unida sem ficar pegajosa. Adicione a água restante, se necessário.

3. Molde a massa em um disco. Embrulhe em filme plástico. Leve à geladeira por 30 minutos ou durante a noite.

4. Se a massa tiver sido refrigerada durante a noite, deixe-a repousar em temperatura ambiente por 20 a 30 minutos antes de estendê-la. Coloque a massa entre duas folhas de filme plástico e estenda-a em um círculo de 30 centímetros, virando a massa e reorganizando o filme plástico a cada volta. Remova a folha superior do filme plástico. Usando a folha restante para levantar a massa, centralize a massa com o plástico em uma forma de torta de 23 a 25 cm com base removível. Retire o filme plástico. Pressione suavemente a massa na base e nas laterais.

5. Role o rolo por cima da assadeira e corte a massa saliente. Pressione a massa contra a lateral da assadeira para criar uma

borda mais alta que a borda da assadeira. Deixe a massa na geladeira por 30 minutos.

6.Coloque a grelha do forno no terço inferior do forno. Pré-aqueça o forno a 450°F. Com um garfo, pique o fundo da casca da torta em intervalos de 2,5 cm. Asse por 5 minutos e pique novamente a massa. Asse até firmar, mais 10 minutos. Retire a casca do forno. Deixe esfriar em uma gradinha por 10 minutos.

Torta De Ricota De Espinafre

Crostata de Spinaci

Rende 8 porções

Comi uma torta dessas no Ferrara, um restaurante preferido de Roma. Algo parecido com uma quiche, é feito com ricota para dar mais cremosidade. É ótimo para um almoço ou brunch, servido com salada e vinho pinot grigio gelado.

    1 receitaPastelaria Salgada

Enchimento

1 quilo de espinafre, aparado e enxaguado

¼ xícara de água

11/2 xícaras de ricota inteira ou parcialmente desnatada

½ xícara de creme de leite

¾ xícara de Parmigiano-Reggiano ralado na hora

2 ovos grandes, batidos

¼ colher de chá de noz-moscada ralada na hora

Sal e pimenta preta moída na hora

1. Prepare e asse parcialmente a crosta. Reduza a temperatura do forno para 375°F.

2. Enquanto isso, prepare o recheio. Coloque o espinafre em uma panela grande e leve ao fogo médio com água. Cubra e cozinhe por 2 a 3 minutos ou até murchar e ficar macio. Escorra e deixe esfriar. Enrole o espinafre em um pano sem fiapos e esprema o máximo de água possível. Pique o espinafre finamente.

3. Em uma tigela grande, misture o espinafre, a ricota, o creme de leite, o queijo, os ovos, a noz-moscada e o sal e a pimenta a gosto. Raspe a mistura na casca da torta preparada.

4. Asse por 35 a 40 minutos ou até que o recheio esteja firme e levemente dourado.

5. Deixe esfriar a torta na assadeira por 10 minutos. Retire a borda externa e coloque a torta em uma travessa. Sirva morno ou em temperatura ambiente.

Torta de alho-poró

Crostata de Porri

Rende 6 a 8 porções

Comi esta torta em uma enoteca, ou bar de vinhos, em Bolonha. O sabor de nozes do Parmigiano e as natas realçam o sabor adocicado do alho-poró. Também pode ser feito com cogumelos salteados ou pimentões em vez de alho-poró.

1 receitaPastelaria Salgada

Enchimento

4 alhos-porós médios, cerca de 11/4 libras

3 colheres de sopa de manteiga sem sal

Sal

2 ovos grandes

¾ xícara de creme de leite

⅓ xícara de Parmigiano-Reggiano ralado na hora

Noz moscada recém ralada

Pimenta preta moída na hora

1. Prepare e asse parcialmente a crosta. Reduza a temperatura do forno para 375°F.

2. Prepare o recheio: Corte as raízes e a maior parte da parte verde do alho-poró. Corte-os ao meio no sentido do comprimento e enxágue-os muito bem entre cada camada em água fria corrente. Corte o alho-poró em fatias transversais finas.

3. Em uma frigideira grande, derreta a manteiga em fogo médio. Adicione o alho-poró e uma pitada de sal. Cozinhe, mexendo sempre, até que o alho-poró fique macio quando furado com uma faca, cerca de 20 minutos. Retire a panela do fogo e deixe esfriar.

4. Em uma tigela média, bata os ovos, o creme de leite, o queijo e uma pitada de noz-moscada. Junte o alho-poró e a pimenta a gosto.

5. Raspe a mistura na casca da torta parcialmente assada. Asse por 35 a 40 minutos ou até que o recheio esteja firme. Sirva morno ou em temperatura ambiente.

Sanduíches de mussarela, manjericão e pimenta assada

Panini de mussarela

Rende 2 porções

Às vezes faço esse sanduíche substituindo o manjericão pela rúcula e o pimentão vermelho pelo presunto.

4 onças de queijo mussarela fresco, cortado em 8 fatias

4 fatias de pão campestre

4 folhas frescas de manjericão

¼ xícara de pimentão vermelho ou amarelo assado, cortado em tiras finas

1. Corte as fatias de mussarela para caber no pão. Se a mussarela estiver suculenta, seque-a. Coloque metade do queijo em uma única camada sobre duas fatias de pão.

2. Disponha as folhas de manjericão e os pimentões sobre o queijo e cubra com o restante da mussarela. Coloque o pão restante por cima e pressione firmemente com as mãos.

3. Pré-aqueça uma sanduicheira ou uma grelha no fogão. Coloque os sanduíches na prensa e cozinhe até tostar, cerca de 4 a 5 minutos. Se estiver usando uma assadeira, coloque um peso pesado, como uma frigideira, por cima. Vire os sanduíches quando estiverem dourados de um lado, cubra com o peso e toste do outro lado. Servir quente.

Sanduíches de Espinafre e Robiola

Panino de Spinaci e Robiola

Rende 2 porções

Focaccia adiciona sabor e textura agradáveis ao panini prensado. Outras verduras podem substituir o espinafre ou usar sobras de vegetais. Para o queijo gosto de usar robiola, um queijo macio e cremoso feito com leite de vaca, cabra ou ovelha, ou uma combinação, do Piemonte e da Lombardia. Outras possibilidades são o queijo de cabra fresco ou mesmo o chantilly. Adicione uma ou duas gotas de óleo de trufas ao recheio para obter um sabor terroso e um toque de luxo.

1 pacote (10 onças) de espinafre fresco

4 onças de robiola fresca ou substituto de queijo de cabra

Azeite de trufas (opcional)

2 quadrados ou fatias de focaccia fresca

1. Coloque o espinafre em uma panela grande em fogo médio com 1/4 xícara de água. Cubra e cozinhe por 2 a 3 minutos ou até murchar e ficar macio. Escorra e deixe esfriar. Enrole o espinafre em um pano sem fiapos e esprema o máximo de água possível.

2. Pique o espinafre finamente e coloque-o em uma tigela média. Adicione o queijo e amasse o espinafre no queijo. Adicione uma ou duas gotas de óleo de trufas, se desejar.

3. Com uma faca longa serrilhada, corte cuidadosamente a focaccia ao meio horizontalmente. Espalhe a mistura no interior das metades inferiores da focaccia. Coloque as pontas dos sanduíches e alise delicadamente.

4. Pré-aqueça uma sanduicheira ou uma grelha no fogão. Se estiver usando uma prensa, coloque os sanduíches na prensa e cozinhe até tostar, cerca de 4 a 5 minutos. Se estiver usando uma assadeira, coloque os sanduíches na assadeira e, em seguida, um peso pesado, como uma frigideira, por cima.

5. Quando dourar de um lado, vire os sanduíches, cubra com o peso e torrar do outro lado. Servir quente.

Sanduíche Riviera

Panino della Riviera

Rende 4 porções

A fronteira geográfica que divide a Itália e a França também não significa uma distinção nos alimentos consumidos em ambos os lados. Com clima e geografia semelhantes, as pessoas que vivem ao longo das costas italiana e francesa partilham costumes alimentares muito semelhantes. Um exemplo disso é o pan bagnat francês e o pan bagnato italiano, que significa "pão banhado", que às vezes é chamado de sanduíche Riviera na Itália. Este farto sanduíche, banhado em um alegre molho vinagrete, é recheado com atum e pimentão assado na França. No lado italiano da fronteira, a mussarela substitui o atum e acrescentam-se anchovas, mas o resto é praticamente o mesmo. Este é o sanduíche perfeito para levar num piquenique, porque os sabores casam bem e só fica melhor à medida que fica.

1 pão italiano com cerca de 30 centímetros de comprimento

Vestir

1 dente de alho bem picado

¼ xícara de azeite

2 colheres de sopa de vinagre

½ colher de chá de orégano seco, esfarelado

Sal e pimenta preta moída na hora

2 tomates maduros, fatiados

1 lata (2 onças) de anchovas

8 onças de mussarela fatiada

2 pimentões assados descascados e sem sementes com seu suco

12 azeitonas curadas em azeite, sem caroço e picadas

1. Corte o pão ao meio no sentido do comprimento e retire o pão macio de dentro.

2. Em uma tigela pequena, misture os ingredientes do molho e despeje metade do molho sobre as laterais cortadas do pão. Cubra a metade inferior do pão com os tomates, as anchovas, a mussarela, os pimentões assados e as azeitonas, regando cada camada com um pouco do molho.

3. Coloque a parte superior do sanduíche e pressione-o. Embrulhe em papel alumínio e cubra com uma tábua ou panela pesada.

Deixe repousar em temperatura ambiente por até 2 horas ou guarde na geladeira durante a noite.

4. Corte em sanduíches de 3 polegadas de largura. Sirva em temperatura ambiente.

Sanduíches Triangulares de Atum e Pimentão Assado

Tramezzini al Tonno e Peperoni

Faz 3 sanduíches

Alguns dos mesmos sabores do farto sanduíche Riviera chegam a este delicado sanduíche triangular que provei em um café romano favorito. O atum foi temperado com sementes de erva-doce, mas gosto de substituir o pólen de erva-doce, que nada mais é do que sementes de erva-doce moídas, mas tem mais sabor. Muitos chefs o utilizam atualmente e ele pode ser encontrado em lojas gourmet especializadas em ervas secas e também em sites da Internet. Se você não conseguir encontrar pólen de erva-doce, substitua as sementes de erva-doce, que você mesmo pode moer em um moedor de especiarias ou picar com uma faca.

1 pimentão vermelho pequeno assado, escorrido e cortado em tiras finas

Azeite extra-virgem

Sal

1 lata (3 1/2 onças) de atum italiano embalado em azeite

2 colheres de sopa de maionese

1 a 2 colheres de chá de suco de limão fresco

1 colher de sopa de cebolinha verde picada

1 colher de chá de pólen de erva-doce

4 fatias de pão de sanduíche branco de boa qualidade

1. Misture o pimentão assado com um pouco de azeite e sal.

2. Escorra o atum e coloque-o numa tigela. Amasse bem o atum com um garfo. Misture a maionese, o suco de limão a gosto e a cebolinha.

3. Espalhe o atum em duas fatias de pão. Cubra com as tiras de pimenta. Cubra com o pão restante, pressionando levemente.

4. Com uma faca grande de chef, corte as cascas do pão. Corte os sanduíches ao meio na diagonal para formar dois triângulos. Sirva imediatamente ou cubra bem com filme plástico e leve à geladeira até a hora de servir.

Sanduíches Triangulares de Presunto e Figo

Tramezzini de Presunto e Fichi

Faz 2 sanduíches

O salgado do presunto e a doçura da geléia de figo oferecem um agradável contraste neste sanduíche. Fica muito bom como aperitivo se cortado em quartos. Sirva com espumante Prosecco.

Manteiga sem sal, em temperatura ambiente

4 fatias de pão de sanduíche branco de boa qualidade

Cerca de 2 colheres de sopa de geléia de figo

4 fatias finas de presunto italiano importado

1. Espalhe um pouco de manteiga em um lado de cada fatia de pão. Espalhe cerca de 2 colheres de chá de geléia de figo sobre a manteiga em cada fatia.

2. Disponha duas fatias de presunto em metade das fatias. Coloque as fatias restantes de pão com a geléia voltada para baixo sobre o presunto.

3. Com uma faca grande de chef, corte as cascas do pão. Corte os sanduíches ao meio na diagonal para formar dois triângulos. Sirva imediatamente ou cubra com filme plástico e leve à geladeira.

Maçãs Assadas Amaretto

Mele al'Amaretto

Rende 6 porções

Amaretto é um licor doce; amaretti são biscoitos crocantes. Ambos os produtos italianos são aromatizados com dois tipos de amêndoas – a variedade familiar, mais uma amêndoa ligeiramente amarga que não é consumida sozinha, embora seja frequentemente usada na Itália para dar sabor a sobremesas. Amaro significa "amargo", e tanto o licor quanto os biscoitos levam o nome dessas amêndoas. Ambos estão amplamente disponíveis – os biscoitos em lojas especializadas e por correspondência e o licor em muitas lojas de bebidas.

A marca mais conhecida de biscoitos amaretti é embalada em latas ou caixas vermelhas distintas. Os biscoitos são embrulhados aos pares em papel de seda pastel. Existem outras marcas de amaretti que embalam os biscoitos soltos em sacos. Sempre tenho amaretti em casa. Conservam-se por muito tempo e acompanham bem uma xícara de chá ou como ingrediente de diversos pratos doces e salgados.

Douradas e deliciosas são as maçãs que prefiro para assar. Os cultivados localmente são doces e crocantes, mas mantêm sua forma bem quando assados.

6 maçãs assadas, como douradas deliciosas

6 biscoitos amaretti

6 colheres de sopa de açúcar

2 colheres de sopa de manteiga sem sal

6 colheres de sopa de amaretto ou rum

1. Coloque uma gradinha no centro do forno. Pré-aqueça o forno a 375°F. Unte com manteiga uma assadeira grande o suficiente para manter as maçãs em pé.

2. Remova os caroços da maçã e descasque-as cerca de dois terços da extremidade do caule.

3. Coloque os biscoitos amaretti em um saco plástico e amasse-os delicadamente com um objeto pesado, como um rolo. Em uma tigela média, misture as migalhas com o açúcar e a manteiga.

4. Coloque um pouco da mistura no centro de cada maçã. Coloque o amaretto sobre as maçãs. Despeje 1 xícara de água ao redor das maçãs.

5. Asse por 45 minutos ou até que as maçãs estejam macias quando furadas com uma faca. Sirva morno ou em temperatura ambiente.

Bolo de Maçã da Lívia

Torta di Mele à Livia

Rende 8 porções

Minha amiga Livia Colantonio mora na Úmbria, numa fazenda chamada Podernovo. A fazenda cria gado Chianina, cultiva uma variedade de uvas para vinho e engarrafa vinho com o rótulo Castello delle Regine.

Os hóspedes podem ficar numa das pousadas maravilhosamente restauradas em Podernovo, que fica apenas a 45 minutos de Roma, e desfrutar de férias tranquilas. A Lívia faz este "bolo" simples mas sensacional que fica sempre bom depois de uma refeição de outono ou inverno. Não é um bolo no sentido tradicional, porque é feito quase inteiramente de maçãs, com apenas algumas migalhas de biscoito entre as camadas para reter um pouco do suco da fruta. Sirva com um bocado de chantilly ou sorvete de passas ao rum.

Você precisará de uma assadeira redonda ou assadeira de 23 centímetros de largura por 7 centímetros de profundidade. Use uma forma de bolo, caçarola ou prato de suflê, mas não use uma forma de mola porque o suco da maçã pode vazar.

12 biscoitos amaretti

3 libras de Golden Delicious, Granny Smith ou outras maçãs firmes (cerca de 6 grandes)

½ xícara de açúcar

1. Coloque os biscoitos amaretti em um saco plástico e amasse-os delicadamente com um objeto pesado, como um rolo. Você deve ter cerca de 3/4 xícara de migalhas.

2. Descasque as maçãs e corte-as em quartos no sentido do comprimento. Corte os quartos em fatias de 1/8 polegadas de espessura.

3. Coloque uma gradinha no centro do forno. Pré-aqueça o forno a 350°F. Unte generosamente com manteiga uma assadeira redonda de 9 × 3 polegadas ou uma assadeira tubular. Forre o fundo da assadeira com um círculo de papel manteiga. Passe manteiga no papel.

4. Faça uma camada de maçãs sobrepostas levemente no fundo da panela. Polvilhe com um pouco de migalhas e açúcar. Alterne as camadas das fatias de maçã restantes na panela com as migalhas restantes e o açúcar. As fatias de maçã não precisam ser bem

arrumadas. Coloque uma folha de papel alumínio por cima, moldando-a na borda da assadeira.

5. Asse as maçãs por 11/2 horas. Descubra e leve ao forno por mais 30 minutos ou até que as maçãs fiquem macias quando furadas com uma faca e diminuam de volume. Transfira a forma para uma gradinha. Deixe esfriar pelo menos 15 minutos. Passe uma faca pela borda da panela. Segurando a panela com um porta-panelas em uma das mãos, coloque um prato plano por cima da panela. Inverta os dois, para que as maçãs sejam transferidas para o prato.

6. Sirva em temperatura ambiente, cortado em rodelas. Cubra com uma tigela invertida e guarde na geladeira por até 3 dias.

Damascos em calda de limão

Albicocche al Limone

Rende 6 porções

Damascos perfeitamente maduros realmente não precisam de aprimoramento, mas se você tiver alguns que não são perfeitos, experimente cozinhá-los em uma simples calda de limão. Sirva os damascos escalfados gelados, possivelmente com chantilly com sabor de amaretto.

1 xícara de água fria

¼ xícara de açúcar ou a gosto

2 tiras (2 polegadas) de raspas de limão

2 colheres de sopa de suco de limão fresco

1 libra de damascos (cerca de 8)

1. Em uma panela ou frigideira grande o suficiente para conter as metades do damasco em uma única camada, misture a água, o açúcar, as raspas e o suco. Leve para ferver em fogo médio-baixo e cozinhe, girando a panela uma ou duas vezes, por 10 minutos.

2. Seguindo a linha dos damascos, corte-os ao meio e retire os caroços. Coloque as metades na calda fervente. Cozinhe, virando uma vez, até a fruta ficar macia, cerca de 5 minutos.

3. Deixe os damascos esfriarem um pouco na calda, cubra e guarde na geladeira. Sirva gelado.

Bagas com Limão e Açúcar

Frutos de Bosco al Limone

Rende 4 porções

O suco de limão fresco e o açúcar realçam todo o sabor dos frutos silvestres. Experimente fazer isso com apenas uma variedade de frutas silvestres ou uma combinação. Cubra as frutas vermelhas com uma bola de gelo de limão ou sorvete, se desejar.

Uma das minhas frutas favoritas, o minúsculo morango silvestre (fragoline del bosco), é comum na Itália, mas não está amplamente disponível aqui. Os morangos silvestres têm um aroma de morango de dar água na boca e são fáceis de cultivar em um vaso. As sementes estão disponíveis em muitas empresas de catálogo e você pode comprar as plantas em muitos viveiros aqui nos Estados Unidos.

1 xícara de morangos fatiados

1 xícara de amoras

1 xícara de mirtilos

1 xícara de framboesas

Suco de limão espremido na hora (cerca de 2 colheres de sopa)

Açúcar (cerca de 1 colher de sopa)

1. Em uma tigela grande, misture delicadamente as frutas. Regue com o suco de limão e açúcar a gosto. Prove e ajuste os temperos.

2. Coloque as frutas em travessas rasas. Sirva imediatamente.

Morangos com Vinagre Balsâmico

Fragole al Balsamico

Rende 2 porções

Se você encontrar os pequenos morangos silvestres conhecidos em italiano como fragoline del bosco, use-os nesta sobremesa. Mas os morangos frescos comuns também se beneficiarão com uma marinada rápida em vinagre balsâmico envelhecido. Como uma pitada de suco de limão fresco em um pedaço de peixe ou sal em um bife, o intenso sabor doce e picante do vinagre balsâmico realça muitos alimentos. Pense nisso como um condimento e não como um vinagre.

Você provavelmente terá que comprar vinagre balsâmico envelhecido em uma loja especializada. Na região de Nova York, uma das minhas fontes favoritas é a Di Palo Fine Foods, na Grand Street, em Little Italy (verFontes). Louis Di Palo é uma enciclopédia ambulante sobre vinagre balsâmico, bem como sobre qualquer outro produto alimentar importado da Itália. A primeira vez que pedi balsâmico, ele trouxe várias garrafas e ofereceu amostras a todos na loja enquanto explicava cada uma.

O melhor balsâmico é feito nas províncias de Modena e Reggio, na Emilia-Romagna. Suave, complexo e xaroposo, tem gosto mais de licor rico do que de vinagre forte, e costuma ser bebido como cordial. Procure as palavras Aceto Balsamico Tradizionale no rótulo. Embora seja caro, um pouco já ajuda muito.

1 litro de morangos silvestres ou cultivados, fatiados se forem grandes

2 colheres de sopa de vinagre balsâmico envelhecido de melhor qualidade ou a gosto

2 colheres de sopa de açúcar

Em uma tigela média, misture os morangos com o vinagre e o açúcar. Deixe descansar por 15 minutos antes de servir.

Framboesas com Mascarpone e Vinagre Balsâmico

Lampone com Mascarpone e Balsâmico

Rende 4 porções

Sempre enxágue as framboesas delicadas antes de usá-las – se você enxaguá-las antes, a umidade pode fazer com que estraguem mais rapidamente. Antes de servi-los, examine-os e descarte aqueles que apresentem sinais de mofo. Guarde as frutas vermelhas em um recipiente raso descoberto na geladeira, mas use-as o mais rápido possível após comprá-las, pois elas se deterioram rapidamente.

O mascarpone é um creme espesso e macio chamado queijo, embora tenha apenas um leve sabor de queijo. Tem textura semelhante ao creme de leite, ou um pouco mais espessa. Se preferir, pode substituir o crème fraîche, a ricota ou o creme de leite.

11/2 xícaras de mascarpone

Cerca de 1/4 xícara de açúcar

1 a 2 colheres de sopa de vinagre balsâmico envelhecido de melhor qualidade

2 xícaras de framboesas, levemente enxaguadas e secas

1. Em uma tigela pequena, bata o mascarpone e o açúcar até ficar bem misturado. Junte o vinagre balsâmico a gosto. Deixe descansar por 15 minutos e mexa novamente.

2. Divida as framboesas em 4 taças ou tigelas. Cubra com o mascarpone e sirva imediatamente.

Cerejas em Barolo

Ciliege al Barolo

Rende 4 porções

Aqui, cerejas doces e maduras são cozidas no estilo Piemonte em Barolo ou outro vinho tinto encorpado.

3/4 xícara de açúcar

1 xícara de Barolo ou outro vinho tinto seco

1 quilo de cerejas doces maduras, sem caroço

1 xícara de creme de leite ou chantilly, bem gelado

1. Pelo menos 20 minutos antes de bater o creme, coloque uma tigela grande e os batedores da batedeira na geladeira.

2. Em uma panela grande, misture o açúcar e o vinho. Leve para ferver e cozinhe por 5 minutos.

3. Adicione as cerejas. Depois que o líquido voltar a ferver, cozinhe até que as cerejas estejam macias quando furadas com uma faca, cerca de mais 10 minutos. Deixe esfriar.

4. Pouco antes de servir, retire a tigela e os batedores da geladeira. Despeje o creme de leite na tigela e bata o creme em velocidade alta até que mantenha a forma suavemente quando os batedores forem levantados, cerca de 4 minutos.

5. Coloque as cerejas em tigelas. Sirva em temperatura ambiente ou levemente gelado com chantilly.

Castanhas Assadas Quentes

Caldarroste

Rende 8 porções

O Dia de São Martinho, 11 de novembro, é comemorado em toda a Itália com castanhas assadas quentes e vinho tinto recém-preparado. A celebração marca não só a festa de um santo querido, conhecido pela sua bondade para com os pobres, mas também o fim da estação de cultivo, o dia em que a terra entra em repouso para o inverno.

As castanhas assadas também são um toque final clássico nas refeições das férias de inverno em toda a Itália. Coloco-os no forno para cozinhar quando nos sentamos para jantar e, quando terminamos o prato principal, eles estão prontos para comer.

1 quilo de castanhas frescas

1. Coloque uma gradinha no centro do forno. Pré-aqueça o forno a 425°F. Lave as castanhas e seque-as. Coloque as castanhas com o lado achatado voltado para baixo sobre uma tábua. Corte cuidadosamente um X no topo de cada um com a ponta de uma faca pequena e afiada.

2. Coloque as castanhas em uma folha grande de papel alumínio resistente. Dobre uma ponta sobre a outra para envolver as castanhas. Dobre as pontas para selar. Coloque o pacote em uma assadeira. Asse as castanhas até ficarem macias quando furadas com uma faca pequena, cerca de 45 a 60 minutos.

3. Transfira o pacote de papel alumínio para uma gradinha. Deixe as castanhas embrulhadas no papel alumínio por 10 minutos. Servir quente.

Conservas de Figo

Marmelada de Fichi

Rende 1 1/2 litro

As figueiras, tanto domesticadas como selvagens, crescem em toda a Itália, exceto nas regiões mais ao norte, onde é muito frio. Por serem tão doces e amplamente disponíveis, os figos são usados em muitas sobremesas, especialmente no sul da Itália. Os figos maduros não se conservam bem, por isso, quando são abundantes no final do verão, são conservados de várias maneiras diferentes. Na Puglia, os figos são cozidos com água para fazer um xarope espesso e doce que é usado em sobremesas. Os figos também são secos ao sol ou transformados em conservas de figo.

Um pequeno lote de conservas de figo é fácil de fazer e pode ser guardado por um mês na geladeira. Para um armazenamento mais longo, a geléia deve ser enlatada (seguindo métodos seguros de enlatamento) ou congelada. Sirva como complemento de um prato de queijo ou no café da manhã com pão de nozes com manteiga.

11/2 libras de figos maduros frescos, enxaguados e secos

2 xícaras de açúcar

2 tiras de raspas de limão

1. Descasque os figos e corte-os em quartos. Coloque-os em uma tigela média com o açúcar e as raspas de limão. Mexa bem. Cubra e leve à geladeira durante a noite.

2. No dia seguinte, transfira o conteúdo da tigela para uma panela grande e pesada. Leve para ferver em fogo médio. Cozinhe, mexendo ocasionalmente, até a mistura engrossar ligeiramente, cerca de 5 minutos. Para testar se a mistura está espessa o suficiente, coloque uma gota do líquido levemente resfriado entre o polegar e o indicador. Se a mistura formar um fio quando o polegar e o indicador estiverem ligeiramente separados, a conserva está pronta.

3. Distribua em potes esterilizados e guarde na geladeira por até 30 dias.

Figos Mergulhados em Chocolate

Fichi al Cioccolato

Rende 8 a 10 porções

Figos secos úmidos recheados com nozes e mergulhados em chocolate são ótimos como um petisco depois do jantar.

Gosto de comprar cascas de laranja cristalizadas na Kalustyan's, uma loja na cidade de Nova York especializada em temperos, frutas secas e nozes. Por venderem muito, é sempre fresco e cheio de sabor. Muitas outras lojas especializadas vendem boas cascas de laranja cristalizadas. Você também pode encomendá-lo por correio (verFontes). As cascas de laranja cristalizadas e outras frutas de supermercado são cortadas em pedaços pequenos e geralmente secas e sem sabor.

18 figos secos úmidos (cerca de 1 libra)

18 amêndoas torradas

½ xícara de casca de laranja cristalizada

4 onças de chocolate amargo, picado ou quebrado em pedaços pequenos

2 colheres de sopa de manteiga sem sal

1. Forre uma bandeja com papel manteiga e coloque uma gradinha para resfriamento por cima. Faça um pequeno corte na base de cada figo. Insira uma amêndoa e um pedaço de casca de laranja nos figos. Aperte a fenda fechada.

2. Na metade superior de banho-maria em água fervente, derreta o chocolate e a manteiga, por cerca de 5 minutos. Retire do fogo e mexa até ficar homogêneo. Deixe descansar por 5 minutos.

3. Mergulhe cada figo no chocolate derretido e coloque sobre a gradinha. Quando todos os figos estiverem mergulhados, coloque a bandeja na geladeira para endurecer o chocolate, por cerca de 1 hora.

4. Coloque os figos em um recipiente hermético, separando cada camada com papel manteiga. Guarde na geladeira por até 30 dias.

Figos em calda de vinho

Fichi alla Contadina

Rende 8 porções

Calimyrna seca e figos missionários da Califórnia são úmidos e carnudos. Qualquer variedade pode ser usada para esta receita. Depois de cozidos, ficam bons como estão ou servidos com sorvete ou chantilly. Também vão bem com queijo gorgonzola.

1 xícara de vin santo, Marsala ou vinho tinto seco

2 colheres de sopa de mel

2 tiras (2 polegadas) de raspas de limão

18 figos secos úmidos (cerca de 1 libra)

1. Em uma panela média, misture o vin santo, o mel e as raspas de limão. Leve para ferver em fogo baixo e cozinhe por 1 minuto.

2. Adicione os figos e a água fria para cobrir. Leve o líquido para ferver em fogo baixo e tampe a panela. Cozinhe até os figos ficarem macios, cerca de 10 minutos.

3. Com uma escumadeira, transfira os figos da panela para uma tigela. Cozinhe o líquido, descoberto, até reduzir e engrossar levemente, cerca de 5 minutos. Despeje a calda sobre os figos e deixe esfriar. Leve à geladeira por pelo menos 1 hora e até 3 dias. Sirva ligeiramente gelado.

Figos Assados de Dora

Fichi al Forno

Rende 2 dúzias

Os figos secos recheados com nozes são uma especialidade da Pugliese. Esta receita é da minha amiga Dora Marzovilla, que os serve como petisco depois do jantar no restaurante de sua família em Nova York, I Trulli. Sirva os figos com uma taça de vinho de sobremesa, como o Moscato di Pantelleria.

24 figos secos e úmidos (cerca de 1 1/2 libras), com as pontas do caule removidas

24 amêndoas torradas

1 colher de sopa de sementes de erva-doce

¼ xícara de folhas de louro

1. Coloque uma gradinha no centro do forno. Pré-aqueça o forno a 350°F. Remova as pontas duras do caule de cada figo. Com uma faca pequena, faça um corte na base dos figos. Insira uma amêndoa nos figos e feche a fenda.

2. Disponha os figos em uma assadeira e leve ao forno por 15 a 20 minutos ou até dourar levemente. Deixe esfriar sobre uma gradinha.

3. Faça uma camada de figos em um recipiente hermético de plástico ou vidro de 1 litro. Polvilhe com algumas sementes de erva-doce. Cubra com uma camada de folhas de louro. Repita as camadas até que todos os ingredientes sejam usados. Cubra e guarde em local fresco (mas não na geladeira) pelo menos 1 semana antes de servir.

Melada em xarope de menta

Melone alla Menta

Rende 4 porções

Depois de um grande jantar de peixe em um restaurante à beira-mar na Sicília, nos serviram esta combinação refrescante de melão banhado em xarope de menta fresca.

1 xícara de água fria

½ xícara de açúcar

½ xícara de folhas frescas de hortelã e mais para enfeitar

8 a 12 fatias de melão maduro descascado

1. Em uma panela, misture a água, o açúcar e as folhas de hortelã. Deixe ferver e cozinhe por 1 minuto ou até as folhas murcharem. Retire do fogo. Deixe esfriar e passe a calda por uma peneira de malha fina em uma tigela para coar as folhas de hortelã.

2. Coloque o melão em uma travessa e despeje a calda sobre o melão. Deixe na geladeira por alguns instantes. Sirva decorado com folhas de hortelã.

Laranjas em calda de laranja

Marinada de Arancia

Rende 8 porções

Laranjas suculentas em calda doce são uma sobremesa perfeita após uma refeição rica. Gosto especialmente de servi-los no inverno, quando as laranjas frescas estão no seu melhor. Dispostas em uma travessa, as laranjas ficam muito bonitas com sua cobertura de tiras de raspas de laranja e calda brilhante. Como variação, corte as laranjas em rodelas e combine-as com fatias de abacaxi maduro. Sirva o molho de laranja por cima.

8 laranjas de umbigo grandes

11/4 xícaras de açúcar

2 colheres de sopa de conhaque ou licor de laranja

1. Esfregue as laranjas com um pincel. Apare as pontas. Com um descascador de legumes, retire a parte colorida da casca da laranja (as raspas) em tiras largas. Evite cavar na medula branca e amarga. Empilhe as tiras de raspas e corte-as em pedaços estreitos de palito de fósforo.

2. Remova a casca branca das laranjas. Coloque as laranjas em uma travessa.

3. Leve uma panela pequena com água para ferver. Adicione as raspas de laranja e leve para ferver. Cozinhe por 1 minuto. Escorra as raspas e enxágue em água fria. Repita. (Isso ajudará a remover um pouco do amargor das raspas.)

4. Coloque o açúcar e 1/4 xícara de água em outra panela pequena e leve ao fogo médio. Leve a mistura para ferver. Cozinhe até o açúcar derreter e a calda engrossar, cerca de 3 minutos. Junte as raspas de laranja e cozinhe por mais 3 minutos. Deixe esfriar.

5. Adicione o conhaque de laranja ao conteúdo da panela. Com um garfo, retire as raspas de laranja da calda e empilhe sobre as laranjas. Coloque a calda. Cubra e leve à geladeira por até 3 horas até a hora de servir.

Laranjas Gratinadas com Zabaglione

Arancia allo Zabaglione

Rende 4 porções

Gratiné é uma palavra francesa que significa dourar a superfície de um prato. Geralmente se aplica a alimentos salgados que são polvilhados com pão ralado ou queijo para ajudá-los a dourar.

Zabaglione é normalmente servido puro ou como molho para frutas ou bolo. Aqui é colocado sobre as laranjas e grelhado brevemente até dourar levemente e formar uma cobertura cremosa. Bananas, kiwis, frutas vermelhas ou outras frutas macias também podem ser preparadas desta forma.

6 laranjas de umbigo, descascadas e cortadas em fatias finas

Sobremesa italiana

1 ovo grande

2 gemas grandes

1/3 xícara de açúcar

1/3 xícara de Marsala seco ou doce

1. Pré-aqueça o frango. Disponha as fatias de laranja em uma assadeira refratária, ligeiramente sobrepostas.

2. Prepare o zabaglione: Encha uma panela pequena ou o fundo de um banho-maria com 5 cm de água. Leve para ferver em fogo baixo. Em uma tigela maior que a borda da panela ou o topo do banho-maria, misture o ovo, as gemas, o açúcar e o Marsala. Bata com uma batedeira elétrica manual até formar uma espuma. Coloque sobre a panela com água fervente. Bata até que a mistura fique clara e fique macia quando os batedores são levantados, cerca de 5 minutos.

3. Espalhe o zabaglione sobre as laranjas. Coloque o prato sob a grelha por 1 a 2 minutos ou até que o zabaglione esteja dourado em alguns pontos. Sirva imediatamente.

Pêssegos Brancos em Asti Spumante

Pesche Bianche em Asti Spumante

Rende 4 porções

Asti Spumante é um vinho doce e espumante de sobremesa do Piemonte, no noroeste da Itália. Possui delicado sabor e aroma de flor de laranjeira proveniente de uvas moscatel. Se você não conseguir encontrar pêssegos brancos, os amarelos funcionarão bem ou substituirão outra fruta de verão, como nectarinas, ameixas ou damascos.

4 pêssegos brancos maduros grandes

1 colher de sopa de açúcar

8 onças de Asti Spumante resfriado

1. Descasque e retire os pêssegos. Corte-os em fatias finas.

2. Misture os pêssegos com o açúcar e deixe descansar por 10 minutos.

3. Coloque os pêssegos em taças ou copos parfait. Despeje o Asti Spumante e sirva imediatamente.

Pêssegos em Vinho Tinto

Pesche al Vino Rosso

Rende 4 porções

Lembro-me de ver meu avô cortando seus pêssegos brancos cultivados em casa para mergulhá-los em uma jarra de vinho tinto. O doce suco de pêssego domou qualquer aspereza do vinho. Pêssegos brancos são meus favoritos, mas pêssegos amarelos ou nectarinas também são bons.

1/3 xícara de açúcar ou a gosto

2 xícaras de vinho tinto frutado

4 pêssegos maduros

1. Em uma tigela média, misture o açúcar e o vinho.

2. Corte os pêssegos ao meio e retire os caroços. Corte os pêssegos em pedaços pequenos. Misture-os ao vinho. Cubra e leve à geladeira por 2 a 3 horas.

3. Coloque os pêssegos e o vinho em taças e sirva.

Pêssegos Recheados com Amaretti

Pesche al Forno

Rende 4 porções

Esta é uma sobremesa favorita do Piemonte. Sirva regado com creme de leite ou coberto com uma bola de sorvete.

8 pêssegos médios, não muito maduros

8 biscoitos amaretti

2 colheres de sopa de manteiga sem sal amolecida

2 colheres de sopa de açúcar

1 ovo grande

1. Coloque uma gradinha no centro do forno. Pré-aqueça o forno a 375°F. Unte com manteiga uma assadeira grande o suficiente para conter as metades do pêssego em uma única camada.

2. Coloque os biscoitos amaretti em um saco plástico e amasse-os delicadamente com um objeto pesado, como um rolo. Você deve ter cerca de 1/2 xícara. Em uma tigela média, misture a manteiga e o açúcar e junte as migalhas.

3. Seguindo a linha ao redor dos pêssegos, corte-os ao meio e retire os caroços. Com uma colher de toranja ou um boleador de melão, retire um pouco da polpa do pêssego do centro para alargar a abertura e adicione à mistura de migalhas. Junte o ovo à mistura.

4. Disponha as metades do pêssego com os lados cortados para cima no prato. Coloque um pouco da mistura de migalhas em cada metade de pêssego.

5. Asse por 1 hora ou até que os pêssegos estejam macios. Sirva quente ou em temperatura ambiente.

Peras ao Molho de Laranja

Pere all' Arancia

Rende 4 porções

Quando visitei Anna Tasca Lanza em Regaleali, a propriedade vinícola de sua família na Sicília, ela me deu um pouco de sua excelente marmelada de tangerina para levar para casa. Anna usa a marmelada tanto como pasta quanto como molho de sobremesa, e me inspirou a misturar um pouco no líquido para escaldar algumas peras que eu estava cozinhando. As peras ficaram com uma linda cobertura dourada e todos adoraram o resultado. Agora faço essa sobremesa com frequência. Como acabei rapidamente o estoque de marmelada que Anna me deu, uso marmelada de laranja de qualidade, comprada em loja.

½ xícara de açúcar

1 xícara de vinho branco seco

4 peras maduras firmes, como Anjou, Bartlett ou Bosc

⅓ xícara de geléia de laranja

2 colheres de sopa de licor de laranja ou rum

1. Em uma panela grande o suficiente para segurar as peras em pé, misture o açúcar e o vinho. Em fogo médio, leve para ferver e cozinhe até que o açúcar se dissolva.

2. Adicione as peras. Tampe a panela e cozinhe por cerca de 30 minutos ou até que as peras estejam macias quando furadas com uma faca.

3. Com uma escumadeira, transfira as peras para uma travessa. Adicione a marmelada ao líquido da panela. Leve para ferver e cozinhe por 1 minuto. Retire do fogo e misture o licor. Espalhe o molho sobre e ao redor das peras. Cubra e leve à geladeira pelo menos 1 hora antes de servir.

Peras com Marsala e Creme

Père al Marsala

Rende 4 porções

Mandei preparar peras assim em uma trattoria de Bolonha. Se você prepará-los antes do jantar, eles estarão na temperatura certa para servir quando você estiver pronto para a sobremesa.

Você pode encontrar Marsala seco e doce importado da Sicília, embora o seco seja de melhor qualidade. Qualquer um pode ser usado para fazer sobremesas.

4 peras grandes Anjou, Bartlett ou Bosc, não muito maduras

¼ xícara de açúcar

½ xícara de água

½ xícara de Marsala seco ou doce

¼ xícara de creme de leite

1. Descasque as peras e corte-as ao meio no sentido do comprimento.

2. Em uma frigideira grande o suficiente para conter as metades das peras em uma única camada, leve o açúcar e a água para ferver em fogo médio. Mexa para dissolver o açúcar. Adicione as peras e tampe a frigideira. Cozinhe por 5 a 10 minutos ou até que as peras estejam quase macias quando furadas com um garfo.

3. Com uma escumadeira, transfira as peras para um prato. Adicione o Marsala à frigideira e leve para ferver. Cozinhe até a calda engrossar ligeiramente, cerca de 5 minutos. Junte o creme de leite e cozinhe por mais 2 minutos.

4. Volte as peras para a frigideira e regue-as com o molho. Transfira as peras para travessas e coloque o molho por cima. Deixe esfriar em temperatura ambiente antes de servir.

Peras com Molho de Chocolate Quente

Pere Affogato al Cioccolato

Rende 6 porções

Peras frescas e doces banhadas em calda de chocolate agridoce são uma sobremesa clássica europeia. Comi isso em Bolonha, onde a calda de chocolate era feita com chocolate Majani, marca local que infelizmente não vai muito longe de sua cidade natal. Use um chocolate amargo de boa qualidade. Uma marca de que gosto, Scharffen Berger, é fabricada na Califórnia.

6 peras Anjou, Bartlett ou Bosc, não muito maduras

2 xícaras de água

¾ xícara de açúcar

4 tiras (2 × 1/2 polegadas) de raspas de laranja, cortadas em palitos de fósforo

> 11/2 xícarasMolho De Chocolate Quente

1. Descasque as peras, deixando os talos intactos. Com um boleador de melão ou uma colher pequena, retire o miolo e as sementes, trabalhando no fundo das peras.

2. Em uma panela grande o suficiente para segurar todas as peras em pé, leve a água, o açúcar e as raspas de laranja para ferver em fogo médio. Mexa até que o açúcar se dissolva.

3. Adicione as peras e reduza o fogo. Tampe a panela e cozinhe, virando as peras uma vez, por 20 minutos ou até ficarem macias quando furadas com uma faca pequena. Deixe as peras esfriarem na calda.

4. Na hora de servir, prepare a calda de chocolate.

5. Com uma escumadeira, transfira as peras para travessas. (Cubra e leve à geladeira a calda para outro uso, como misturar com frutas cortadas para uma salada.) Regue com calda de chocolate quente. Sirva imediatamente.

Peras temperadas com rum

Père al Rhum

Rende 6 porções

O sabor doce, suave e quase floral das peras maduras presta-se a muitos outros sabores complementares. Frutas como laranjas, limões e frutas vermelhas e muitos queijos combinam bem com eles, e Marsala e vinhos secos são frequentemente usados para escaldar peras. No Piemonte, fiquei agradavelmente surpreso ao me servirem essas peras cozidas em calda de rum com especiarias, acompanhando um simples bolo de avelã.

6 peras Anjou, Bartlett ou Bosc, não muito maduras

¼ xícara de açúcar mascavo

¼ xícara de rum escuro

¼ xícara de água

4 dentes inteiros

1. Descasque as peras, deixando os talos intactos. Com um boleador de melão ou uma colher pequena, retire o miolo e as sementes, trabalhando no fundo das peras.

2. Em uma panela grande o suficiente para conter as peras, misture o açúcar, o rum e a água em fogo médio até o açúcar derreter, cerca de 5 minutos. Adicione as peras. Espalhe os cravos em volta da fruta.

3. Tampe a panela e leve o líquido para ferver. Cozinhe em fogo médio-baixo por 15 a 20 minutos ou até que as peras estejam macias quando furadas com uma faca. Com uma escumadeira, transfira as peras para uma travessa.

4. Cozinhe o líquido descoberto até reduzir e ficar xaroposo. Coe o líquido sobre as peras. Deixe esfriar.

5. Sirva em temperatura ambiente ou cubra e leve à geladeira.

Peras Temperadas com Pecorino

Pere allo Spezie e Pecorino

Rende 6 porções

Os toscanos orgulham-se, com razão, do seu excelente queijo de leite de ovelha. Cada cidade tem a sua versão e cada uma tem um sabor ligeiramente diferente das outras, dependendo do envelhecimento e da origem do leite. Normalmente os queijos são consumidos ainda jovens e ainda semifirmes. Quando consumido como sobremesa, o queijo às vezes é regado com um pouco de mel ou servido com peras. Gosto desta apresentação sofisticada que comi em Montalcino: pecorino servido com peras cozidas no vinho tinto local e especiarias, acompanhado de nozes frescas.

Claro, as peras também ficam bem servidas puras ou com uma colher grande de chantilly.

6 peras médias Anjou, Bartlett ou Bosc, não muito maduras

1 xícara de vinho tinto seco

1/2 xícara de açúcar

1 pedaço de pau de canela (3 polegadas)

4 dentes inteiros

8 onças de queijo Pecorino Toscano, Asiago ou Parmigiano-Reggiano, cortado em 6 pedaços

12 metades de nozes torradas

1. Coloque uma gradinha no centro do forno. Pré-aqueça o forno a 450°F. Disponha as peras em uma assadeira grande o suficiente para mantê-las em pé.

2. Misture o vinho e o açúcar até que o açúcar amoleça. Despeje a mistura sobre as peras. Espalhe a canela e o cravo em volta das peras.

3. Asse as peras, regando-as ocasionalmente com o vinho, 45 a 60 minutos ou até ficarem macias ao serem furadas com uma faca. Se o líquido começar a secar antes de as peras ficarem prontas, coloque um pouco de água morna na panela.

4. Deixe as peras esfriarem na forma, regando-as de vez em quando com o suco da frigideira. (À medida que os sucos esfriam, eles engrossam e cobrem as peras com uma rica cobertura vermelha.) Retire os temperos.

5. Sirva as peras com a calda em temperatura ambiente ou levemente gelada. Coloque-os em travessas com duas metades de nozes e um pedaço de queijo.

Peras escalfadas com gorgonzola

Père al Gorgonzola

Rende 4 porções

O sabor picante do queijo gorgonzola misturado a um creme suave é um complemento saboroso para essas peras escalfadas em calda de vinho branco com limão. Uma pitada de pistache adiciona um toque de cor brilhante. As peras Anjou, Bartlett e Bosc são minhas variedades favoritas para caça furtiva, porque seu formato esguio permite que cozinhem uniformemente. As peras escalfadas mantêm melhor a sua forma quando os frutos não estão muito maduros.

2 xícaras de vinho branco seco

2 colheres de sopa de suco de limão fresco

¾ xícara de açúcar

2 tiras (2 polegadas) de raspas de limão

4 peras, como Anjou, Bartlett ou Bosc

4 onças de gorgonzola

2 colheres de sopa de ricota, mascarpone ou creme de leite

2 colheres de sopa de pistache picado

1. Em uma panela média, misture o vinho, o suco de limão, o açúcar e as raspas de limão. Leve para ferver e cozinhe por 10 minutos.

2. Entretanto, descasque as peras e corte-as ao meio, no sentido do comprimento. Remova os núcleos.

3. Coloque as peras na calda de vinho e cozinhe até ficarem macias quando furadas com uma faca, cerca de 10 minutos. Deixe esfriar.

4. Com uma escumadeira, transfira duas metades de pêra para cada travessa, com o caroço para cima. Espalhe a calda em volta das peras.

5. Em uma tigela pequena, amasse o gorgonzola com a ricota até formar uma pasta lisa. Coloque um pouco da mistura de queijo no núcleo de cada metade da pêra. Polvilhe com os pistaches. Sirva imediatamente.

Bolo Pudim De Pêra Ou Maçã

Budino di Pere o Mele

Rende 6 porções

Não sendo bem um bolo ou pudim, esta sobremesa consiste em frutas cozidas até ficarem macias e depois assadas com uma cobertura levemente parecida com um bolo. Acompanha maçãs ou peras ou até pêssegos ou ameixas.

Gosto de usar rum escuro para dar sabor a esta sobremesa, mas rum light, conhaque ou até grappa podem ser substituídos.

¾ xícara de passas

½ xícara de rum escuro, conhaque ou grappa

2 colheres de sopa de manteiga sem sal

8 peras ou maçãs maduras e firmes, descascadas e cortadas em fatias de 1/2 polegada

⅓ xícara de açúcar

Cobertura

6 colheres de sopa de manteiga sem sal, derretida e resfriada

⅓ xícara de açúcar

½ xícara de farinha de trigo

3 ovos grandes, separados

⅔ xícara de leite integral

2 colheres de sopa de rum escuro, conhaque ou grappa

1 colher de chá de extrato de baunilha puro

Pitada de sal

Açúcar de confeiteiro

1. Em uma tigela pequena, misture as passas e o rum. Deixe descansar por 30 minutos.

2. Derreta a manteiga em uma frigideira grande em fogo médio. Adicione as frutas e o açúcar. Cozinhe, mexendo ocasionalmente, até a fruta ficar quase macia, cerca de 7 minutos. Adicione as passas e o rum. Cozinhe mais 2 minutos. Retire do fogo.

3. Coloque uma gradinha no centro do forno. Pré-aqueça o forno a 350°F. Unte uma assadeira de 13 × 9 × 2 polegadas. Coloque a mistura de frutas na assadeira.

4. Prepare a cobertura: Em uma tigela grande, na batedeira, bata a manteiga e o açúcar até misturar bem, cerca de 3 minutos. Junte a farinha, apenas para combinar.

5. Em uma tigela média, misture as gemas, o leite, o rum e a baunilha. Misture a mistura de ovos na mistura de farinha até misturar bem.

6. Em outra tigela grande, com batedores limpos, bata as claras com o sal em velocidade baixa até formar uma espuma. Aumente a velocidade e bata até formar picos suaves, cerca de 4 minutos. Misture delicadamente as claras ao restante da massa. Despeje a massa sobre as frutas na assadeira e leve ao forno por 25 minutos ou até que o topo esteja dourado e firme ao toque.

7. Sirva quente ou em temperatura ambiente, polvilhado com açúcar de confeiteiro.

Compota de Fruta Quente

Composta de Fruta Calda

Rende 6 a 8 porções

O rum é frequentemente usado para dar sabor a sobremesas na Itália. O rum escuro tem um sabor mais profundo do que o rum claro. Substitua o rum por outro licor ou vinho doce como Marsala nesta receita, se desejar. Ou faça uma versão sem álcool com suco de laranja ou maçã.

2 peras maduras firmes, descascadas e sem caroço

1 maçã dourada deliciosa ou Granny Smith, descascada e sem caroço

1 xícara de ameixas sem caroço

1 xícara de figos secos, pontas do caule removidas

½ xícara de damascos secos sem caroço

½ xícara de passas escuras

¼ xícara de açúcar

2 tiras (2 polegadas) de raspas de limão

1 xícara de água

½ xícara de rum escuro

1. Corte as peras e a maçã em 8 fatias. Corte as fatias em pedaços pequenos.

2. Combine todos os ingredientes em uma panela grande. Cubra e leve para ferver em fogo médio-baixo. Cozinhe até que as frutas frescas estejam macias e as frutas secas estejam carnudas, cerca de 20 minutos. Adicione um pouco mais de água se parecerem secos.

3. Deixe esfriar um pouco antes de servir ou cubra e leve à geladeira por até 3 dias.

Fruta Caramelizada Veneziana

Golosezzi Veneziani

Rende 8 porções

A cobertura de caramelo dessas frutas venezianas no espeto endurece, resultando em algo parecido com uma maçã doce. Seque bem as frutas e faça esses espetos de frutas em um dia seco. Se o tempo estiver úmido, o caramelo não endurecerá adequadamente.

1 tangerina ou clementina, descascada, dividida em gomos

8 morangos pequenos, descascados

8 uvas sem sementes

8 datas sem caroço

1 xícara de açúcar

½ xícara de xarope de milho light

¼ xícara de água

1. Passe os pedaços de frutas alternadamente em cada um dos oito espetos de madeira de 15 cm. Coloque uma grade de resfriamento em cima de uma bandeja.

2. Em uma frigideira grande o suficiente para caber os espetos longitudinalmente, misture o açúcar, o xarope de milho e a água. Cozinhe em fogo médio, mexendo ocasionalmente até que o açúcar esteja completamente dissolvido, cerca de 3 minutos. Quando a mistura começar a ferver, pare de mexer e cozinhe até a calda começar a dourar nas bordas. Em seguida, agite suavemente a panela sobre o fogo até que a calda fique dourada e uniforme, cerca de mais 2 minutos.

3. Tire a panela do fogo. Usando uma pinça, mergulhe rapidamente cada espeto na calda, virando para cobrir a fruta levemente, mas completamente. Deixe o excesso de calda escorrer de volta para a panela. Coloque os espetos na gradinha para esfriar. (Se a calda na frigideira endurecer antes de todos os espetos serem mergulhados, reaqueça-a delicadamente.) Sirva em temperatura ambiente dentro de 2 horas.

Fruta com Mel e Grappa

Composta de frutas à grappa

Rende 6 porções

Grappa é uma espécie de conhaque feito de vinaccia, a casca e as sementes que ficam depois que as uvas são prensadas para fazer o vinho. Ao mesmo tempo, a grappa era uma bebida grosseira, consumida principalmente no norte da Itália por agricultores e trabalhadores para se aquecer nos dias frios de inverno. Hoje, a grappa é uma bebida muito refinada, vendida em garrafas de grife com rolhas ornamentadas. Algumas grappas são aromatizadas com frutas ou ervas, enquanto outras são envelhecidas em barris de madeira. Use uma grappa simples e sem sabor para esta salada de frutas e para outros fins culinários.

⅓ xícara de mel

⅓ xícara de grappa, conhaque ou licor de frutas

1 colher de sopa de suco de limão fresco

2 kiwis, descascados e fatiados

2 laranjas de umbigo, descascadas e cortadas em rodelas

1 litro de morangos fatiados

1 xícara de uvas verdes sem sementes cortadas ao meio

2 bananas médias, fatiadas

1. Em uma tigela grande, misture o mel, a grappa e o suco de limão.

2. Junte os kiwis, as laranjas, os morangos e as uvas. Refrigere por pelo menos 1 hora ou até 4 horas. Junte as bananas antes de servir.

Salada de frutas de inverno

Macedônia do Inverno

Rende 6 porções

Na Itália, uma salada de frutas é chamada de Macedônia, porque aquele país já foi dividido em muitas pequenas seções que foram reunidas para formar um todo, assim como a salada é composta de pedaços pequenos de frutas diferentes. No inverno, quando as opções de frutas são limitadas, os italianos fazem saladas como esta temperadas com mel e suco de limão. Como variação, substitua o mel por geléia de damasco ou geleia de laranja.

3 colheres de sopa de mel

3 colheres de sopa de suco de laranja

1 colher de sopa de suco de limão fresco

2 toranjas, descascadas e separadas em fatias

2 kiwis, descascados e fatiados

2 peras maduras

2 xícaras de uvas verdes sem sementes, cortadas ao meio no sentido do comprimento

1. Em uma tigela grande, misture o mel, o suco de laranja e o suco de limão.

2. Adicione as frutas à tigela e misture bem. Refrigere por pelo menos 1 hora ou até 4 horas antes de servir.

Fruta Grelhada de Verão

Spiedini alla Frutta

Rende 6 porções

Frutas grelhadas de verão são ótimas para um churrasco. Sirva simples ou com fatias de pão de ló e sorvete.

Se usar espetos de madeira, deixe-os de molho em água fria por pelo menos 30 minutos para evitar queimaduras.

2 nectarinas, cortadas em pedaços de 1 polegada

2 ameixas cortadas em pedaços de 1 polegada

2 peras cortadas em pedaços de 1 polegada

2 damascos cortados em quartos

2 bananas cortadas em pedaços de 1 polegada

Folhas de hortelã fresca

Cerca de 2 colheres de sopa de açúcar

1. Coloque uma churrasqueira ou grelha a cerca de 12 centímetros de distância da fonte de calor. Pré-aqueça a grelha ou grelha.

2. Alterne pedaços das frutas com as folhas de hortelã em 6 espetos. Polvilhe com o açúcar.

3. Grelhe ou grelhe as frutas por 3 minutos de um lado. Vire os espetos e grelhe ou grelhe até dourar levemente, cerca de mais 2 minutos. Servir quente.

Ricota Quente com Mel

Ricota ao Miele

Rende 2 a 3 porções

O sucesso desta sobremesa depende da qualidade da ricota, por isso compre a mais fresca disponível. Embora a ricota com leite parcialmente desnatado seja boa, a sem gordura é muito granulada e sem sabor, então não a use. Se quiser, adicione algumas frutas frescas ou experimente passas e uma pitada de canela.

1 xícara de ricota de leite integral

2 colheres de sopa de mel

1. Coloque a ricota em uma tigela pequena sobre uma panela menor com água fervente. Aqueça até aquecer, cerca de 10 minutos. Mexa bem.

2. Coloque a ricota em travessas. Regue com o mel. Sirva imediatamente.

Café Ricota

Ricota ao Café

Rende 2 a 3 porções

Aqui está uma sobremesa rápida que se presta a uma infinidade de variações. Sirva com alguns biscoitos amanteigados simples.

Se você não puder comprar um café expresso moído finamente, passe o pó no moedor de café ou no processador de alimentos. Se o pó for muito grande, a sobremesa não se misturará bem, deixando-a com uma textura arenosa.

1 xícara (8 onças) de ricota inteira ou parcialmente desnatada

1 colher de sopa de café finamente moído (expresso)

1 colher de sopa de açúcar

Lascas de chocolate

> Em uma tigela média, misture a ricota, o expresso e o açúcar até obter uma mistura homogênea e o açúcar dissolvido. (Para obter uma textura mais cremosa, misture os ingredientes em um processador de alimentos.) Coloque em copos ou taças parfait e cubra com raspas de chocolate. Sirva imediatamente.

Variação: Para a ricota de chocolate, substitua o café por 1 colher de sopa de cacau sem açúcar.

Mascarpone e Pêssegos

Mascarpone ao Pesche

Rende 6 porções

Mascarpone suave e cremoso e pêssegos com amaretti crocante ficam lindos em parfait ou taças de vinho. Sirva esta sobremesa em um jantar. Ninguém vai adivinhar como é fácil de fazer.

1 xícara (8 onças) de mascarpone

¼ xícara de açúcar

1 colher de sopa de suco de limão fresco

1 xícara de chantilly bem gelado

3 pêssegos ou nectarinas, descascados e cortados em pedaços pequenos

⅓ xícara de licor de laranja, amaretto ou rum

8 biscoitos amaretti esmagados em migalhas (cerca de 1/2 xícara)

2 colheres de sopa de amêndoas fatiadas torradas

1. Pelo menos 20 minutos antes de preparar a sobremesa, coloque uma tigela grande e os batedores da batedeira na geladeira.

2. Quando estiver pronto, em uma tigela média, misture o mascarpone, o açúcar e o suco de limão. Retire a tigela e os batedores da geladeira. Despeje o creme de leite na tigela gelada e bata o creme em velocidade alta até que mantenha a forma suavemente quando os batedores forem levantados, cerca de 4 minutos. Com uma espátula, misture delicadamente o chantilly na mistura de mascarpone.

3. Em uma tigela média, misture os pêssegos e o licor.

4. Coloque metade do creme de mascarpone em seis taças de parfait ou taças de vinho. Faça uma camada de pêssegos e polvilhe com as migalhas de amaretti. Cubra com o creme restante. Cubra e leve à geladeira por até 2 horas.

5. Polvilhe com as amêndoas antes de servir.

Espuma de chocolate com framboesas

Espuma de Cioccolato ao Lampone

Rende 8 porções

Chantilly dobrado em mascarpone e chocolate é como uma mousse de chocolate instantânea. As framboesas são um complemento doce e picante.

1 litro de framboesas

1 a 2 colheres de sopa de açúcar

2 colheres de sopa de licor de framboesa, cereja ou laranja

3 onças de chocolate amargo ou meio amargo

½ xícara (4 onças) de mascarpone, em temperatura ambiente

2 xícaras de creme de leite gelado ou chantilly

Raspas de chocolate, para enfeitar

1. Pelo menos 20 minutos antes de preparar a sobremesa, coloque uma tigela grande e os batedores da batedeira na geladeira.

2. Quando estiver pronto, misture as framboesas com o açúcar e o licor em uma tigela média. Deixou de lado.

3. Encha uma panela pequena com 2,5 cm de água. Leve para ferver em fogo baixo. Coloque o chocolate em uma tigela maior que a borda da panela e coloque-a sobre a água fervente. Deixe descansar até o chocolate derreter. Retire do fogo e mexa o chocolate até ficar homogêneo. Deixe esfriar um pouco, cerca de 15 minutos. Com uma espátula de borracha, envolva o mascarpone.

4. Retire a tigela gelada e os batedores da geladeira. Despeje o creme de leite na tigela e bata o creme em velocidade alta até que mantenha a forma suavemente quando os batedores forem levantados, cerca de 4 minutos.

5. Com uma espátula, misture delicadamente metade do creme na mistura de chocolate, reservando a segunda metade para a cobertura.

6. Coloque metade do creme de chocolate em oito copos parfait. Faça uma camada com as framboesas. Coloque o restante do creme de chocolate. Cubra com o chantilly. Decore com as raspas de chocolate. Sirva imediatamente.

Tiramisu

Tiramisu

Rende 8 a 10 porções

Ninguém sabe ao certo por que essa sobremesa é chamada de "pick me up" em italiano, mas presume-se que o nome venha da dose de cafeína que ela fornece do café e do chocolate. Enquanto a versão clássica contém gemas de ovo cruas misturadas ao mascarpone, minha versão não tem ovo porque não gosto do sabor dos ovos crus e acho que eles deixam a sobremesa mais pesada do que o necessário.

Savoiardi – biscoitos crocantes importados da Itália – estão amplamente disponíveis, mas dedos comuns ou fatias de bolo simples podem ser substituídos. Se desejar, adicione algumas colheres de sopa de rum ou conhaque ao café.

1 xícara de creme de leite gelado ou chantilly

1 libra de mascarpone

⅓ xícara de açúcar

24 savoiardi (laranjas italianas importadas)

1 xícara de café expresso preparado em temperatura ambiente

2 colheres de sopa de cacau em pó sem açúcar

1. Pelo menos 20 minutos antes de preparar a sobremesa, coloque uma tigela grande e os batedores da batedeira na geladeira.

2. Quando estiver pronto, retire a tigela e os batedores da geladeira. Despeje o creme de leite na tigela e bata o creme em velocidade alta até que mantenha a forma suavemente quando os batedores forem levantados, cerca de 4 minutos.

3. Em uma tigela grande, misture o mascarpone e o açúcar até ficar homogêneo. Pegue cerca de um terço do chantilly e, com uma espátula flexível, envolva delicadamente na mistura de mascarpone para clarear. Incorpore cuidadosamente o creme restante.

4. Mergulhe leve e rapidamente metade do savoiardi no café. (Não os sature ou eles se desfarão.) Disponha os biscoitos em uma única camada em uma travessa quadrada ou redonda de 9 × 2 polegadas. Coloque metade do creme de mascarpone.

5. Mergulhe os restantes savoiardi no café e disponha-os numa camada sobre o mascarpone. Cubra com o restante da mistura de mascarpone e espalhe bem com a espátula. Coloque o cacau

em uma peneira de malha fina e agite por cima da sobremesa. Cubra com papel alumínio ou filme plástico e leve à geladeira por 3 a 4 horas ou durante a noite para que os sabores se fundam. Ele vai ficar bem na geladeira por até 24 horas.

Tiramisù de Morango

Tiramisù alle Fragole

Rende 8 porções

Aqui está uma versão de tiramisù com morango que encontrei em uma revista de culinária italiana. Gosto ainda mais do que a versão com café, mas prefiro sobremesas à base de frutas de todos os tipos.

Maraschino é um licor de cereja italiano límpido e ligeiramente amargo, nomeado em homenagem à variedade de cerejas marasche. Maraschino está disponível aqui, mas você pode substituí-lo por outro licor de frutas, se preferir.

3 litros de morangos, lavados e descascados

½ xícara de suco de laranja

¼ xícara de maraschino, crème di cassis ou licor de laranja

¼ xícara de açúcar

1 xícara de creme de leite gelado ou chantilly

8 onças de mascarpone

24 savoiardi (dedos de senhora italiana)

1. Reserve 2 xícaras dos morangos mais bonitos para enfeitar. Pique o restante. Em uma tigela grande, misture os morangos com o suco de laranja, o licor e o açúcar. Deixe descansar em temperatura ambiente por 1 hora.

2. Enquanto isso, coloque uma tigela grande e os batedores da batedeira na geladeira. Quando estiver pronto, retire a tigela e os batedores da geladeira. Despeje o creme de leite na tigela e bata o creme em velocidade alta até que mantenha a forma suavemente quando os batedores forem levantados, cerca de 4 minutos. Com uma espátula flexível, envolva delicadamente o mascarpone.

3. Faça uma camada de ladyfingers em uma travessa quadrada ou redonda de 9 × 2 polegadas. Coloque metade dos morangos e seu suco. Espalhe metade do creme de mascarpone sobre as frutas vermelhas.

4. Repita com uma segunda camada de biscoitos, morangos e creme, espalhando o creme uniformemente com uma espátula. Cubra e leve à geladeira por 3 a 4 horas ou durante a noite para que os sabores se fundam.

5. Pouco antes de servir, corte os morangos restantes e arrume-os em fileiras por cima.

Bagatela Italiana

Zuppa Inglês

Rende 10 a 12 porções

"Sopa Inglesa" é o nome caprichoso desta sobremesa exuberante. Acredita-se que os cozinheiros italianos pegaram emprestada a ideia da bagatela inglesa e acrescentaram toques italianos.

1Anéis Vin Santoou 1 (12 onças) de bolo comprado em loja, cortado em fatias de 1/4 polegada de espessura

1/2 xícara de geléia de cereja azeda ou framboesa

1/2 xícara de rum escuro ou licor de laranja

    21/2 xícaras cadaCreme de Chocolate e Baunilha

1 xícara de creme de leite ou chantilly

Framboesas frescas, para enfeitar

Raspas de chocolate, para enfeitar

1. Prepare o pão de ló e os cremes pasteleiros, se necessário. Em seguida, em uma tigela pequena, misture a geléia e o rum.

2. Coloque metade do creme de baunilha no fundo de uma tigela de 3 litros. Coloque 1/4 das fatias de bolo por cima e pincele com 1/4 da mistura de geléia. Coloque metade do creme de chocolate por cima.

3. Faça outra camada de 1/4 da mistura de bolo e geléia. Repita com o creme de baunilha restante, 1/4 da mistura restante de bolo e geléia, creme de chocolate e o restante da mistura de bolo e geléia. Cubra bem com plástico e leve à geladeira por pelo menos 3 horas e até 24 horas.

4. Pelo menos 20 minutos antes de servir, coloque uma tigela grande e os batedores da batedeira na geladeira. Pouco antes de servir, retire a tigela e os batedores da geladeira. Despeje o creme na tigela e bata em velocidade alta até manter a forma suavemente quando os batedores forem levantados, cerca de 4 minutos.

5. Coloque o creme por cima da bagatela. Decore com framboesas e raspas de chocolate.

Sobremesa italiana

Rende 2 porções

Na Itália, zabaglione (pronuncia-se tsah-bahl-yo-neh; o g é silencioso) é uma sobremesa doce e cremosa à base de ovo, muitas vezes servida como um tônico de fortalecimento para alguém que sofre de um resfriado ou outra doença. Com ou sem doença, é uma sobremesa deliciosa sozinha ou como molho de fruta ou bolo.

O zabaglione deve ser consumido assim que for feito, ou pode desmoronar. Para fazer zabaglione com antecedência, veja a receita dezabaglione gelado.

3 gemas grandes

3 colheres de sopa de açúcar

3 colheres de sopa de Marsala ou vin santo seco ou doce

1. Na metade inferior de banho-maria ou em uma panela média, leve cerca de 5 centímetros de água para ferver.

2. Na metade superior do banho-maria ou em uma tigela refratária que caiba confortavelmente sobre a panela, bata as gemas e o açúcar na batedeira em velocidade média até obter um creme claro, cerca de 2 minutos. Misture o Marsala. Coloque a mistura

sobre a água fervente. (Não deixe a água ferver, ou os ovos vão mexer.)

3. Enquanto aquece na água fervente, continue a bater a mistura de ovos até que fique amarelo claro e bem fofo e mantenha uma forma macia quando retirada dos batedores, 3 a 5 minutos.

4. Distribua em taças altas e sirva imediatamente.

Zabaglione de chocolate

Zabaglione al Cioccolato

Rende 4 porções

Esta variação do zabaglione é como uma rica mousse de chocolate. Sirva quente com chantilly fresco.

3 onças de chocolate amargo ou meio amargo picado

¼ xícara de creme de leite

4 gemas grandes

¼ xícara de açúcar

2 colheres de sopa de rum ou licor de amaretto

1. Na metade inferior de banho-maria ou em uma panela média, leve cerca de 5 centímetros de água para ferver. Combine o chocolate e o creme em uma tigela pequena e refratária colocada sobre a água fervente. Deixe descansar até o chocolate derreter. Mexa com uma espátula flexível até ficar homogêneo. Retire do fogo.

2. No topo do banho-maria ou em outra tigela refratária que caiba sobre a panela, bata as gemas e o açúcar na batedeira até obter um creme claro, cerca de 2 minutos. Misture o rum. Coloque a mistura sobre a água fervente. (Não deixe a água ferver, ou os ovos vão mexer.)

3. Bata a mistura de gemas até ficar clara e fofa e manter uma forma macia quando retirada dos batedores, 3 a 5 minutos. Retire do fogo.

4. Com uma espátula de borracha, misture delicadamente a mistura de chocolate. Sirva imediatamente.

Zabaglione gelado com frutas vermelhas

Zabaglione Freddo com Frutti di Bosco

Rende 6 porções

Se não quiser fazer zabaglione logo antes de servir, esta versão fria é uma boa alternativa. O zabaglione é resfriado em banho de água gelada e depois dobrado em chantilly. Pode ser feito com até 24 horas de antecedência. Gosto de servir com frutas frescas ou figos maduros.

1 receita (cerca de 1 1/2 xícaras)Sobremesa italiana

¾ xícara de creme de leite gelado ou chantilly

2 colheres de sopa de açúcar de confeiteiro

1 colher de sopa de licor de laranja

1 1/2 xícaras de mirtilos, framboesas ou uma combinação, enxaguados e secos

1. Pelo menos 20 minutos antes de fazer o zabaglione, coloque uma tigela grande e os batedores da batedeira na geladeira. Encha outra tigela grande com gelo e água.

2. Prepare o zabaglione através do passo 3. Assim que o zabaglione terminar, retire-o da água fervente e coloque a tigela sobre a água gelada. Com um batedor de arame, bata o zabaglione até esfriar, cerca de 3 minutos.

3. Retire a tigela gelada e os batedores da geladeira. Despeje o creme na tigela e bata-o em velocidade alta até que comece a ficar macio, cerca de 2 minutos. Adicione o açúcar de confeiteiro e o licor de laranja. Bata as natas até ficarem macias quando os batedores forem levantados, cerca de mais 2 minutos. Com uma espátula flexível, envolva delicadamente o zabaglione gelado. Cubra e leve à geladeira por pelo menos 1 hora até a hora de servir.

4. Divida as frutas em 6 travessas. Cubra com o creme de zabaglione gelado e sirva imediatamente.

Gelatina de Limão

Gelatina de Limone

Rende 6 porções

O suco e as raspas de limão tornam esta sobremesa leve e refrescante.

2 envelopes de gelatina sem sabor

1 xícara de açúcar

21/2 xícaras de água fria

2 tiras (2 polegadas) de raspas de limão

2/3 xícara de suco de limão fresco

Fatias de limão e raminhos de hortelã, para enfeitar

1. Em uma panela média, misture a gelatina e o açúcar. Adicione a água e as raspas de limão. Cozinhe em fogo médio, mexendo sempre, até que a gelatina esteja completamente dissolvida, cerca de 3 minutos. (Não deixe a mistura ferver.)

2. Retire do fogo e junte o suco de limão. Despeje a mistura por uma peneira de malha fina em uma forma ou tigela para 5

xícaras. Cubra e leve à geladeira até firmar, 4 horas até durante a noite.

3. Quando estiver pronto para servir, encha uma tigela com água morna e mergulhe a forma na água por 30 segundos. Passe uma pequena faca nas laterais. Coloque um prato sobre o molde e, mantendo-os juntos, inverta os dois para que a gelatina seja transferida para o prato. Decore com rodelas de limão e raminhos de hortelã.

Gelatina de Rum Laranja

Gelatina de Arancia al Rhum

Rende 4 porções

Chantilly com aroma de rum é um ótimo acompanhamento. O suco de laranja sanguínea funciona melhor aqui.

2 envelopes de gelatina sem sabor

1/2 xícara de açúcar

1/2 xícara de água fria

3 xícaras de suco de laranja fresco

2 colheres de sopa de rum escuro

Fatias de laranja, para enfeitar

1. Em uma panela média, misture a gelatina e o açúcar. Adicione a água e cozinhe em fogo médio, mexendo sempre, até que a gelatina se dissolva completamente, cerca de 3 minutos. (Não deixe a mistura ferver.)

2. Retire do fogo e junte o suco de laranja e o rum. Despeje a mistura em uma forma ou tigela com capacidade para 5 xícaras. Cubra e leve à geladeira até firmar, 4 horas até durante a noite.

3. Quando estiver pronto para servir, encha uma tigela com água morna e mergulhe a forma na água por 30 segundos. Passe uma pequena faca nas laterais. Coloque um prato sobre o molde e, mantendo-os juntos, inverta os dois para que a gelatina seja transferida para o prato. Decore com as rodelas de laranja.

Gelatina Expresso

Gelatina de Café

Rende 4 porções

Quando experimentei esta gelatina de café pela primeira vez em Milão, ela foi servida com chantilly e Zabaglione gelado, uma combinação deslumbrante. Isso também é refrescante, leve e delicioso por si só.

2 envelopes de gelatina sem sabor

1 xícara de açúcar

21/2 xícara de água fria

2 colheres de sopa de café expresso em pó instantâneo

1. Em uma panela média, misture a gelatina e o açúcar. Adicione a água e cozinhe em fogo médio, mexendo sempre, até que a gelatina se dissolva completamente, cerca de 3 minutos. Não deixe a mistura ferver.

2. Retire do fogo. Junte o café instantâneo. Despeje a mistura em uma forma de 1 litro. Cubra e leve à geladeira até firmar, 4 horas até durante a noite.

3. Quando estiver pronto para servir, encha uma tigela com água morna e mergulhe a forma na água por 30 segundos. Passe uma pequena faca nas laterais. Coloque um prato sobre o molde e, mantendo-os juntos, inverta-os para que a gelatina seja transferida para o prato.

Panna Cotta

Rende 6 porções

A melhor versão desta sobremesa que comi foi no Piemonte, no Giardino da Felicin, um restaurante preferido em Monforte d'Alba. Tinha acabado de ser feito e mal estava gelificado. Quando toquei nele com a colher, seu formato cedeu suavemente. A sobremesa derreteu na minha boca e não tinha gosto de nada além do melhor creme doce e fresco.

O nome desta sobremesa piemontesa significa "creme cozido", embora praticamente não envolva cozimento. Acompanha bem uma calda de frutas frescas ou uma calda de chocolate quente, ou apenas algumas frutas frescas.

1 envelope de gelatina sem sabor

1 1/2 xícaras de leite integral

1 1/2 xícaras de creme de leite ou chantilly

1 fava de baunilha ou 2 colheres de chá de extrato puro de baunilha

1 tira de raspas de limão (2 polegadas)

1/4 xícara de açúcar

Molho De Morango Fresco

1.Polvilhe a gelatina sobre o leite e deixe descansar por 2 minutos até que a gelatina absorva um pouco do líquido e amoleça.

2.Em uma panela média, misture o creme de leite, a fava de baunilha (se usar extrato de baunilha, reserve para depois), as raspas de limão e o açúcar. Leve para ferver em fogo médio. Adicione a mistura de gelatina e cozinhe, mexendo sempre, até que a gelatina esteja completamente dissolvida, cerca de 3 minutos.

3.Retire a fava de baunilha e as raspas de limão com uma escumadeira. Corte a fava de baunilha longitudinalmente com uma faca pequena e afiada e retire as sementes. Misture as sementes à mistura de creme. (Ou adicione o extrato de baunilha, se usar.)

4.Despeje o creme em uma tigela grande. Encha uma tigela maior com gelo e coloque a tigela com o creme no gelo. Deixe o creme esfriar, mexendo sempre, até começar a endurecer, cerca de 10 minutos. Despeje o creme em 6 copinhos individuais de creme. Cubra e leve à geladeira até firmar, 4 horas até durante a noite.

5.Prepare o molho de morango, se necessário. Quando estiver pronto para servir, mergulhe brevemente o fundo das xícaras em uma tigela com água morna para soltar. Passe uma pequena faca no interior das xícaras. Inverta as xícaras em pratos de servir. Coloque o molho sobre cada um e sirva.

Anéis de Manteiga

Bussolai

Faz 36

Estes biscoitos venezianos são simples de fazer e uma delícia de ter em casa no lanche do meio-dia ou sempre que os convidados passarem.

1 xícara de açúcar

½ xícara (1 palito) de manteiga sem sal, em temperatura ambiente

3 gemas grandes

1 colher de chá de raspas de limão ralada

1 colher de chá de raspas de laranja ralada

1 colher de chá de extrato de baunilha puro

2 xícaras de farinha de trigo

½ colher de chá de sal

1 clara de ovo batida até formar espuma

1. Reserve 1/3 xícara de açúcar.

2. Na tigela grande da batedeira, bata a manteiga com as 2/3 xícaras de açúcar restantes em velocidade média até obter um creme claro e fofo, cerca de 2 minutos. Junte as gemas, uma de cada vez. Adicione as raspas de limão e laranja e o extrato de baunilha e bata, raspando as laterais da tigela, até ficar homogêneo, mais cerca de 2 minutos.

3. Junte a farinha e o sal até ficar bem misturado. Molde a massa em uma bola. Embrulhe em filme plástico e leve à geladeira por 1 hora até durante a noite.

4. Pré-aqueça o forno a 325°F. Unte 2 assadeiras grandes. Corte a massa em 6 pedaços. Divida cada pedaço novamente em 6 pedaços. Enrole cada pedaço em uma corda de 10 cm, forme um anel e aperte as pontas para selar. Coloque os anéis com 2,5 cm de distância nas assadeiras preparadas. Pincele levemente com clara de ovo e polvilhe com 1/3 xícara de açúcar reservado.

5. Asse por 15 minutos ou até dourar levemente. Prepare racks de resfriamento de 2 fios.

6. Transfira as assadeiras para as gradinhas. Deixe os biscoitos esfriarem por 5 minutos nas assadeiras e depois transfira-os para a gradinha para esfriar completamente. Armazene em um recipiente hermético por até 2 semanas.

Nós de Limão

Tarralucci

Rende 40

Todas as padarias italianas do Brooklyn, em Nova York, faziam esses refrescantes biscoitos de limão siciliano quando eu era criança. Gosto de servi-los com chá gelado.

Se o tempo estiver quente e úmido, a cobertura pode recusar-se a firmar à temperatura ambiente. Nesse caso, guarde os biscoitos na geladeira.

4 xícaras de farinha de trigo

4 colheres de chá de fermento em pó

1 xícara de açúcar

½ xícara de gordura vegetal sólida

3 ovos grandes

½ xícara de leite

2 colheres de sopa de suco de limão

2 colheres de chá de raspas de limão raladas

Glacê

11/2 xícaras de açúcar de confeiteiro

1 colher de sopa de suco de limão espremido na hora

2 colheres de chá de raspas de limão raladas

Leite

1. Peneire a farinha e o fermento em um pedaço de papel manteiga.

2. Em uma tigela grande, na batedeira em velocidade média, bata o açúcar e a gordura vegetal até obter um creme claro e fofo, cerca de 2 minutos. Junte os ovos, um de cada vez, até ficar bem misturado. Junte o leite, o suco de limão e as raspas. Raspe as laterais da tigela. Junte os ingredientes secos até ficar homogêneo, cerca de 2 minutos. Cubra com filme plástico e leve à geladeira por pelo menos 1 hora.

3. Pré-aqueça o forno a 350°F. Prepare 2 assadeiras grandes. Corte um pedaço de massa do tamanho de uma bola de golfe. Enrole levemente a massa em uma corda de 15 cm. Dê um nó na corda. Coloque o nó em uma assadeira não untada. Continue fazendo os nós e colocando-os com cerca de 2,5 cm de distância nas folhas.

4. Asse os biscoitos por 12 minutos ou até ficarem firmes quando pressionados por cima, mas não dourados. Prepare racks de resfriamento de 2 fios.

5. Transfira as assadeiras para as gradinhas. Deixe os biscoitos esfriarem por 5 minutos nas assadeiras e depois transfira-os para a gradinha para esfriar completamente.

6. Combine o açúcar de confeiteiro, o suco de limão e as raspas em uma tigela grande. Adicione o leite, 1 colher de chá de cada vez, e mexa até a mistura formar uma cobertura fina com consistência de creme de leite.

7. Mergulhe a parte superior dos biscoitos na cobertura. Coloque-os sobre uma gradinha até que a cobertura endureça. Armazene em recipientes herméticos por até 3 dias.

Biscoitos de especiarias

Bicciolani

Rende 75

Nos cafés de Torino você pode pedir barbajada, uma combinação de meio café e meio chocolate quente. Ficaria perfeito com esses biscoitos de especiarias finos e amanteigados.

1 xícara (2 palitos) de manteiga sem sal, em temperatura ambiente

1 xícara de açúcar

1 gema de ovo

2 xícaras de farinha de trigo

1/2 colher de chá de sal

1 colher de chá de canela em pó

1/8 colher de chá de noz-moscada ralada na hora

1/8 colher de chá de cravo moído

1. Pré-aqueça o forno a 350°F. Unte uma forma de rolo de gelatina de 15 × 10 × 1 polegada.

2. Em uma tigela, misture a farinha, o sal e os temperos.

3. Na tigela grande da batedeira, bata a manteiga, o açúcar e a gema em velocidade média até obter um creme claro e fofo, cerca de 2 minutos. Reduza a velocidade e misture os ingredientes secos até ficar bem misturado, cerca de mais 2 minutos.

4. Esfarele a massa na assadeira preparada. Com as mãos, pressione firmemente a massa até formar uma camada uniforme. Com as costas de um garfo, faça sulcos rasos no topo da massa.

5. Asse por 25 a 30 minutos ou até dourar levemente. Transfira a panela para uma gradinha para esfriar. Deixe esfriar por 10 minutos. Em seguida, corte a massa em biscoitos de 2 x 1 polegada.

6. Deixe esfriar completamente na panela. Armazene em temperatura ambiente em um recipiente hermético por até 2 semanas.

Biscoitos de wafer

Pizzala

Rende cerca de 2 dúzias

Muitas famílias no centro e sul da Itália se orgulham de seus ferros pizzelle, formas lindamente trabalhadas e tradicionalmente usadas para fazer essas lindas bolachas. Alguns ferros apresentam as iniciais do proprietário original em relevo, enquanto outros apresentam silhuetas como um casal brindando com uma taça de vinho. Eles já foram um típico presente de casamento.

Embora charmosos, esses ferros antigos são pesados e difíceis de manejar nos fogões de hoje. Uma prensa elétrica de pizzela, semelhante a uma máquina de waffle, faz um trabalho rápido e eficiente na produção desses biscoitos.

Quando feitas na hora, as pizzelles são flexíveis e podem ser moldadas em formato de cone, tubo ou xícara. Eles podem ser recheados com chantilly, sorvete, creme de cannoli ou frutas. Eles esfriam e ficam crocantes rapidamente, então você deve trabalhar com rapidez e cuidado para moldá-los. Claro, eles também são bons e planos.

13/4 xícaras de farinha de trigo não branqueada

1 colher de chá de fermento em pó

Pitada de sal

3 ovos grandes

2/3 xícara de açúcar

1 colher de sopa de extrato de baunilha puro

1 barra (1/2 xícara) de manteiga sem sal, derretida e resfriada

1. Pré-aqueça a máquina de pizzela de acordo com as instruções do fabricante. Em uma tigela, misture a farinha, o fermento e o sal.

2. Em uma tigela grande, bata os ovos, o açúcar e a baunilha na batedeira em velocidade média até ficar espesso e leve, cerca de 4 minutos. Junte a manteiga. Junte os ingredientes secos até misturar bem, cerca de 1 minuto.

3. Coloque cerca de 1 colher de sopa de massa no centro de cada forma de pizzela. (A quantidade exata dependerá do desenho da forma.) Feche a tampa e leve ao forno até dourar levemente. Isso vai depender do fabricante e de quanto tempo o molde está aquecendo. Verifique cuidadosamente após 30 segundos.

4. Quando as pizzelas estiverem douradas, retire-as das formas com uma espátula de madeira ou plástico. Deixe esfriar sobre uma gradinha. Ou, para fazer forminhas para biscoitos, dobre cada pizzela na curva de uma xícara larga de café ou sobremesa. Para fazer cascas de cannoli, molde-as em torno de tubos de cannoli ou de um tarugo de madeira.

5. Quando as pizzelas estiverem frias e crocantes, guarde-as em um recipiente hermético até a hora de usar. Estes duram várias semanas.

Variação: Anis: Substitua a baunilha por 1 colher de sopa de extrato de anis e 1 colher de sopa de sementes de anis. Laranja ou Limão: Adicione 1 colher de sopa de raspas de laranja fresca ou limão à mistura de ovos. Rum ou Amêndoa: Junte 1 colher de sopa de rum ou extrato de amêndoa em vez da baunilha. Noz: Misture 1/4 xícara de nozes moídas até formar um pó bem fino junto com a farinha.

Ravióli Doce

Ravióli Dolci

Rende 2 dúzias

Geléia preenche esses raviólis crocantes de sobremesa. Qualquer sabor serve, desde que tenha uma consistência espessa para que fique no lugar e não escorra da massa durante o cozimento. Essa era a receita preferida do meu pai, que a aperfeiçoou a partir das lembranças dos biscoitos que sua mãe fazia.

1 3/4 xícara de farinha multiuso

1/2 xícara de batata ou amido de milho

1/2 colher de chá de sal

1/2 xícara (1 palito) de manteiga sem sal, em temperatura ambiente

1/2 xícara de açúcar

1 ovo grande

2 colheres de sopa de rum ou conhaque

1 colher de chá de raspas de limão ralada

1 colher de chá de extrato de baunilha puro

1 xícara de geléia grossa de cereja azeda, framboesa ou damasco

1. Em uma tigela grande, peneire a farinha, o amido e o sal.

2. Em uma tigela grande com a batedeira, bata a manteiga com o açúcar até obter um creme claro e fofo, cerca de 2 minutos. Junte o ovo, o rum, as raspas e a baunilha. Em velocidade baixa, misture os ingredientes secos.

3. Divida a massa ao meio. Molde cada metade em um disco. Embrulhe cada um separadamente em plástico e leve à geladeira por 1 hora até durante a noite.

4. Pré-aqueça o forno a 350°F. Unte 2 assadeiras grandes.

5. Abra a massa com uma espessura de 1/8 polegadas. Com uma massa canelada ou um cortador de macarrão, corte a massa em quadrados de 5 cm. Disponha os quadrados com cerca de 2,5 cm de distância nas assadeiras preparadas. Coloque 1/2 colher de chá de geléia no centro de cada quadrado. (Não use mais geléia, ou o recheio vazará durante o cozimento.)

6. Abra a massa restante com uma espessura de 1/8 polegadas. Corte a massa em quadrados de 2 cm.

7. Cubra a geléia com os quadrados de massa. Pressione todas as bordas com um garfo para selar o recheio.

8. Asse por 16 a 18 minutos ou até dourar levemente. Prepare racks de resfriamento de 2 fios.

9. Transfira as assadeiras para as gradinhas. Deixe os biscoitos esfriarem por 5 minutos nas assadeiras e depois transfira-os para a gradinha para esfriar completamente. Polvilhe com açúcar de confeiteiro. Armazene em um recipiente hermético por até 1 semana.

Cookies "feios, mas bons"

Brutti ma Buoni

Rende 2 dúzias

"Feio mas bom" é o significado do nome destes biscoitos piemonteses. O nome é apenas meia verdade: os biscoitos não são feios, mas são bons. A técnica para fazer isso é incomum. A massa do biscoito é cozida em uma panela antes de ser assada.

3 claras de ovo grandes, em temperatura ambiente

Pitada de sal

11/2 xícaras de açúcar

1 xícara de cacau em pó sem açúcar

11/4 xícaras de avelãs torradas, descascadas e picadas grosseiramente (verComo torrar e descascar nozes)

1. Pré-aqueça o forno a 300°F. Unte 2 assadeiras grandes.

2. Em uma tigela grande, na batedeira em velocidade média, bata as claras e o sal até formar uma espuma. Aumente a velocidade para alta e adicione gradualmente o açúcar. Bata até formar picos suaves quando os batedores forem levantados.

3. Em velocidade baixa, misture o cacau. Junte as avelãs.

4. Raspe a mistura em uma panela grande e pesada. Cozinhe em fogo médio, mexendo sempre com uma colher de pau, até a mistura ficar brilhante e lisa, cerca de 5 minutos. Tenha cuidado para não queimar.

5. Coloque imediatamente a massa quente em colheres de sopa nas assadeiras preparadas. Asse por 30 minutos ou até ficar firme e ligeiramente rachado na superfície.

6. Com os biscoitos ainda quentes, transfira-os para uma gradinha para esfriar, usando uma espátula de metal de lâmina fina. Armazene em um recipiente hermético por até 2 semanas.

Pontos de congestionamento

Biscoitos de Marmellata

Rende 40

Chocolate, nozes e geleia são uma combinação vencedora nestes saborosos biscoitos. Eles sempre fazem sucesso nas bandejas de biscoitos de Natal.

¾ xícara (1 1/2 palitos) de manteiga sem sal, em temperatura ambiente

½ xícara de açúcar

½ colher de chá de sal

3 onças de chocolate amargo, derretido e resfriado

2 xícaras de farinha de trigo

¾ xícara de amêndoas picadas

½ xícara de geléia de framboesa grossa sem sementes

1. Pré-aqueça o forno a 350°F. Unte 2 assadeiras grandes.

2. Em uma tigela grande, na batedeira em velocidade média, bata a manteiga, o açúcar e o sal até obter um creme claro e fofo, cerca

de 2 minutos. Adicione o chocolate derretido e bata até ficar bem misturado, raspando as laterais da tigela. Junte a farinha até ficar homogêneo.

3. Coloque as nozes em uma tigela rasa. Molde a massa em bolas de 2,5 cm. Enrole as bolinhas nas nozes, pressionando levemente para que grudem. Coloque as bolas com cerca de 3,5 cm de distância nas assadeiras preparadas.

4. Com o cabo de uma colher de pau, faça um furo fundo em cada bola de massa, moldando a massa ao redor do cabo para manter o formato redondo. Coloque cerca de 1/4 colher de chá de geléia em cada biscoito. (Não adicione mais geleia, pois ela pode derreter e vazar quando os biscoitos assarem.)

5. Asse os biscoitos por 18 a 20 minutos ou até que a geléia borbulhe e os biscoitos dourem levemente. Prepare racks de resfriamento de 2 fios.

6. Transfira as assadeiras para as gradinhas. Deixe os biscoitos esfriarem por 5 minutos nas assadeiras e depois transfira-os para a gradinha para esfriar completamente. Armazene em um recipiente hermético por até 2 semanas.

Biscotti de chocolate duplo com nozes

Biscotti al Cioccolato

Rende 4 dúzias

Esses ricos biscoitos levam chocolate na massa, tanto derretido quanto em pedaços. Nunca os vi na Itália, mas são parecidos com os que já provei nos cafés daqui.

2 1/2 xícaras de farinha de trigo

2 colheres de chá de fermento em pó

1/2 colher de chá de sal

3 ovos grandes, em temperatura ambiente

1 xícara de açúcar

1 colher de chá de extrato de baunilha puro

6 onças de chocolate amargo, derretido e resfriado

6 colheres de sopa (1/2 palito mais 2 colheres de sopa) de manteiga sem sal, derretida e resfriada

1 xícara de nozes picadas grosseiramente

1 xícara de gotas de chocolate

1. Coloque uma gradinha no centro do forno. Pré-aqueça o forno a 300°F. Unte e enfarinhe 2 assadeiras grandes.

2. Em uma tigela grande, peneire a farinha, o fermento e o sal.

3. Em uma tigela grande, na batedeira em velocidade média, bata os ovos, o açúcar e a baunilha até formar uma espuma e leve, cerca de 2 minutos. Junte o chocolate e a manteiga até misturar bem. Adicione a mistura de farinha e mexa até ficar homogêneo, cerca de mais 1 minuto. Junte as nozes e as gotas de chocolate.

4. Divida a massa ao meio. Com as mãos umedecidas, molde cada pedaço em um tronco de 30 x 3 cm na assadeira preparada. Asse por 35 minutos ou até que as toras fiquem firmes quando pressionadas no centro. Retire a panela do forno, mas não desligue o fogo. Deixe esfriar por 10 minutos.

5. Deslize as toras sobre uma tábua de corte. Corte as toras em fatias de 1/2 polegada de espessura. Coloque as fatias na assadeira. Asse por 10 minutos ou até que os biscoitos estejam levemente tostados.

6. Prepare 2 racks de resfriamento grandes. Transfira as assadeiras para as gradinhas. Deixe os biscoitos esfriarem por 5

minutos nas assadeiras e depois transfira-os para as gradinhas para esfriar completamente. Armazene em um recipiente hermético por até 2 semanas.

Beijos de chocolate

Baci di Cioccolato

Rende 3 dúzias

Os "beijos" de chocolate e baunilha são os preferidos em Verona, casa de Romeu e Julieta, onde são feitos em diversas combinações.

1 2/3 xícaras de farinha de trigo

1/3 xícara de cacau em pó de processo holandês sem açúcar, peneirado

1/4 colher de chá de sal

1 xícara (2 palitos) de manteiga sem sal, em temperatura ambiente

1/2 xícara de açúcar de confeiteiro

1 colher de chá de extrato de baunilha puro

1/2 xícara de amêndoas torradas finamente picadas (verComo torrar e descascar nozes)

Enchimento

2 onças de chocolate meio amargo ou amargo picado

2 colheres de sopa de manteiga sem sal

⅓ xícara de amêndoas torradas e picadas finamente

1. Em uma tigela grande, peneire a farinha, o cacau e o sal.

2. Em uma tigela grande, na batedeira em velocidade média, bata a manteiga e o açúcar até obter um creme claro e fofo, cerca de 2 minutos. Junte a baunilha. Junte os ingredientes secos e as amêndoas até misturar bem, cerca de mais 1 minuto. Cubra com plástico e leve à geladeira por 1 hora até durante a noite.

3. Pré-aqueça o forno a 350°F. Prepare 2 assadeiras não untadas. Enrole colheres de chá de massa em bolas de 3/4 polegadas. Coloque as bolas com 2,5 cm de distância nas assadeiras. Com os dedos, pressione as bolinhas para achatá-las levemente. Asse os biscoitos até ficarem firmes, mas não dourados, 10 a 12 minutos. Prepare 2 racks de resfriamento grandes.

4. Transfira as assadeiras para as gradinhas. Deixe os biscoitos esfriarem por 5 minutos nas assadeiras e depois transfira-os para as gradinhas para esfriar completamente.

5. Leve cerca de 5 centímetros de água para ferver na metade inferior de um banho-maria ou em uma panela pequena. Coloque o chocolate e a manteiga na metade superior do banho-maria ou em uma tigela pequena e refratária que caiba confortavelmente sobre a panela. Coloque a tigela sobre a água

fervente. Deixe repousar descoberto até o chocolate amolecer. Mexa até ficar homogêneo. Junte as amêndoas.

6. Espalhe uma pequena quantidade da mistura de recheio no fundo de um biscoito. Coloque um segundo biscoito com a parte inferior voltada para baixo sobre o recheio e pressione levemente. Coloque os biscoitos sobre uma gradinha até que o recheio esteja firme. Repita com os biscoitos e recheio restantes. Guarde em um recipiente hermético na geladeira por até 1 semana.

Chocolate sem assar "Salame"

Salame del Cioccolato

Rende 32 biscoitos

Fatias crocantes de nozes de chocolate que não precisam ser assadas são uma especialidade do Piemonte. Outros biscoitos podem substituir o amaretti, se preferir, como wafers de baunilha ou chocolate, biscoitos ou biscoitos amanteigados. É melhor prepará-los com alguns dias de antecedência, para permitir que os sabores se misturem. Se preferir não usar o licor, substitua por uma colher de suco de laranja.

18 biscoitos amaretti

1/3 xícara de açúcar

1/3 xícara de cacau em pó sem açúcar

1/2 xícara (1 palito) de manteiga sem sal, amolecida

1 colher de sopa de grappa ou rum

1/3 xícara de nozes picadas

1. Coloque os biscoitos em um saco plástico. Esmague os biscoitos com um rolo ou objeto pesado. Deve haver cerca de 3/4 xícara de migalhas.

2. Coloque as migalhas em uma tigela grande. Com uma colher de pau, misture o açúcar e o cacau. Adicione a manteiga e a grappa. Mexa até que os ingredientes secos estejam umedecidos e misturados. Junte as nozes.

3. Coloque uma folha de filme plástico de 14 polegadas em uma superfície plana. Despeje a mistura de massa sobre o filme plástico. Molde a massa em um tronco de 8 × 2 1/2 polegadas. Enrole a tora no filme plástico, dobrando as pontas para envolvê-la completamente. Leve o registro à geladeira por pelo menos 24 horas e até 3 dias.

4. Corte o tronco em fatias de 1/4 polegada de espessura. Sirva gelado. Guarde os biscoitos em um recipiente plástico hermético na geladeira por até 2 semanas.

Biscoitos Prato

Biscoitos de Prato

Rende cerca de 4 1/2 dúzia

Na cidade de Prato, na Toscana, estes são os clássicos biscoitos para mergulhar no vin santo, o grande vinho de sobremesa da região. Comidos simples, eles ficam bastante secos, então forneça uma bebida para mergulhá-los.

21/2 xícaras de farinha de trigo

11/2 colheres de chá de fermento em pó

1 colher de chá de sal

4 ovos grandes

¾ xícara de açúcar

1 colher de chá de raspas de limão ralada

1 colher de chá de raspas de laranja ralada

1 colher de chá de extrato de baunilha puro

1 xícara de amêndoas torradas (verComo torrar e descascar nozes)

1. Coloque uma gradinha no centro do forno. Pré-aqueça o forno a 325°F. Unte e enfarinhe uma assadeira grande.

2. Em uma tigela média, peneire a farinha, o fermento e o sal.

3. Em uma tigela grande com a batedeira, bata os ovos e o açúcar em velocidade média até obter um creme claro e espumoso, cerca de 3 minutos. Junte as raspas de limão e laranja e a baunilha. Em velocidade baixa, misture os ingredientes secos e depois as amêndoas.

4. Umedeça levemente as mãos. Molde a massa em dois troncos de 14 × 2 polegadas. Coloque as toras na assadeira preparada com vários centímetros de distância. Asse por 30 minutos ou até ficar firme e dourado.

5. Retire a assadeira do forno e reduza o fogo do forno para 300°F. Deixe as toras esfriarem na assadeira por 20 minutos.

6. Deslize as toras sobre uma tábua de corte. Com uma faca grande e pesada de chef, corte as toras na diagonal em fatias de 1/2 polegada de espessura. Coloque as fatias na assadeira. Asse por 20 minutos ou até dourar levemente.

7. Transfira os biscoitos para uma gradinha para esfriar. Guarde em um recipiente hermético.

Biscotti de frutas e nozes da Úmbria

Tozzetti

Faz 80

Feitos sem gordura, esses biscoitos guardam muito tempo em recipiente hermético. O sabor realmente melhora, então planeje prepará-los vários dias antes de servi-los.

3 xícaras de farinha de trigo

1/2 xícara de amido de milho

2 colheres de chá de fermento em pó

3 ovos grandes

3 gemas

2 colheres de sopa de Marsala, vin santo ou xerez

1 xícara de açúcar

1 xícara de passas

1 xícara de amêndoas

1/4 xícara de casca de laranja cristalizada picada

¼ xícara de cidra cristalizada picada

1 colher de chá de sementes de anis

1. Pré-aqueça o forno a 350°F. Unte 2 assadeiras grandes.

2. Em uma tigela média, peneire a farinha, o amido de milho e o fermento.

3. Em uma tigela grande com a batedeira, bata os ovos, as gemas e o Marsala. Adicione o açúcar e bata até ficar bem misturado, cerca de 3 minutos. Junte os ingredientes secos, as passas, as amêndoas, a casca, a cidra e as sementes de erva-doce até misturar bem. A massa ficará dura. Se necessário, vire a massa sobre uma bancada e sove até misturar bem.

4. Divida a massa em quartos. Umedeça as mãos com água fria e molde cada quarto em um tronco de 25 centímetros. Coloque as toras com 5 centímetros de distância nas assadeiras preparadas.

5. Asse as toras por 20 minutos ou até que fiquem firmes quando pressionadas no centro e dourem nas bordas. Retire as toras do forno, mas deixe-o ligado. Deixe as toras esfriarem por 5 minutos nas assadeiras.

6.Deslize as toras sobre uma tábua de corte. Com uma faca grande de chef, corte-os em fatias de 1/2 polegada de espessura. Coloque as fatias nas assadeiras e leve ao forno por 10 minutos ou até tostar levemente.

7.Prepare 2 racks de resfriamento grandes. Transfira os biscoitos para as gradinhas. Deixe esfriar completamente. Armazene em um recipiente hermético por até 2 semanas.

Biscotti de limão e nozes

Biscotti al Limone

Faz 48

Limão e amêndoas dão sabor a esses biscoitos.

1 1/2 xícaras de farinha de trigo

1 colher de chá de fermento em pó

¼ colher de chá de sal

½ xícara (1 palito) de manteiga sem sal, em temperatura ambiente

½ xícara de açúcar

2 ovos grandes, em temperatura ambiente

2 colheres de chá de raspas de limão raladas na hora

1 xícara de amêndoas torradas, picadas grosseiramente

1. Coloque uma gradinha no centro do forno. Pré-aqueça o forno a 350°F. Unte e enfarinhe uma assadeira grande.

2. Em uma tigela, peneire a farinha, o fermento e o sal.

3. Em uma tigela grande com a batedeira, bata a manteiga e o açúcar até obter um creme claro e fofo, cerca de 2 minutos. Junte os ovos, um de cada vez. Adicione as raspas de limão, raspando o interior da tigela com uma espátula de borracha. Aos poucos, misture a mistura de farinha e as nozes até misturar bem.

4. Divida a massa ao meio. Com as mãos umedecidas, molde cada pedaço em um tronco de 30 x 5 cm na assadeira preparada. Asse por 20 minutos ou até que as toras estejam levemente douradas e firmes quando pressionadas no centro. Retire a panela do forno, mas não desligue o fogo. Deixe as toras esfriarem por 10 minutos na assadeira.

5. Deslize as toras sobre uma tábua de corte. Corte as toras em fatias de 1/2 polegada de espessura. Coloque as fatias na assadeira. Asse por 10 minutos ou até que os biscoitos estejam levemente tostados.

6. Prepare 2 racks de resfriamento grandes. Transfira os biscoitos para as gradinhas. Deixe esfriar completamente. Armazene em um recipiente hermético por até 2 semanas.

Biscoito de nozes

Biscoitos de Noce

Rende cerca de 80

O azeite pode ser usado para assar em uma ampla variedade de receitas. Use um azeite extra-virgem de sabor suave. Complementa muitos tipos de nozes e frutas cítricas. Aqui está uma receita de biscoito que desenvolvi para um artigo no Washington Post sobre assar com azeite.

2 xícaras de farinha de trigo

1 colher de chá de fermento em pó

1 colher de chá de sal

2 ovos grandes, em temperatura ambiente

2/3 xícara de açúcar

1/2 xícara de azeite extra-virgem

1/2 colher de chá de raspas de limão raladas

2 xícaras de nozes torradas (verComo torrar e descascar nozes)

1. Pré-aqueça o forno a 325°F. Unte 2 assadeiras grandes.

2. Em uma tigela grande, misture a farinha, o fermento e o sal.

3. Em outra tigela grande, bata os ovos, o açúcar, o óleo e as raspas de limão até ficar bem misturado. Com uma colher de pau, misture os ingredientes secos apenas até misturar bem. Junte as nozes.

4. Divida a massa em quatro pedaços. Molde os pedaços em toras de 12 x 1 1/2 polegadas, colocando-os a vários centímetros de distância nas assadeiras preparadas. Asse por 20 a 25 minutos ou até dourar levemente. Retire do forno, mas não desligue. Deixe os biscoitos esfriarem nas assadeiras por 10 minutos.

5. Deslize as toras sobre uma tábua de corte. Com uma faca grande e pesada, corte as toras diagonalmente em fatias de 1/2 polegada. Coloque as fatias nas assadeiras e leve-as novamente ao forno. Asse por 10 minutos ou até ficar torrado e dourado.

6. Prepare 2 racks de resfriamento grandes. Transfira os biscoitos para as gradinhas. Deixe esfriar completamente. Armazene em um recipiente hermético por até 2 semanas.

Macaroons de Amêndoa

Amaretti

Rende 3 dúzias

No sul da Itália, estes são feitos moendo amêndoas doces e amargas. Amêndoas amargas, provenientes de uma variedade específica de amendoeira, não são vendidas nos Estados Unidos. Possuem um componente de sabor semelhante ao cianeto, um veneno letal, por isso não são aprovados para uso comercial. O mais próximo que podemos chegar do sabor correto é a pasta de amêndoa comercial e um pouco de extrato de amêndoa. Não confunda pasta de amêndoa com maçapão, que é semelhante, mas tem maior teor de açúcar. Compre a pasta de amêndoa vendida em lata para obter melhor sabor. Se você não conseguir encontrar, pergunte na padaria local para ver se eles lhe vendem alguns.

Esses biscoitos grudam, então eu os asso em esteiras antiaderentes conhecidas como Silpat. Os tapetes nunca precisam de lubrificação, são fáceis de limpar e reutilizáveis. Você pode encontrá-los em boas lojas de materiais de cozinha. Se você não tiver os tapetes, as assadeiras podem ser forradas com papel manteiga ou papel alumínio.

1 lata (8 onças) de pasta de amêndoa esfarelada

1 xícara de açúcar

2 claras de ovo grandes, em temperatura ambiente

¼ colher de chá de extrato de amêndoa

36 cerejas cristalizadas ou amêndoas inteiras

1. Pré-aqueça o forno a 350°F. Forre 2 assadeiras grandes com papel manteiga ou papel alumínio.

2. Esfarele a pasta de amêndoa em uma tigela grande. Com a batedeira em velocidade baixa, acrescente o açúcar até misturar bem. Adicione as claras e o extrato de amêndoa. Aumente a velocidade para média e bata até ficar bem homogêneo, cerca de 3 minutos.

3. Pegue 1 colher de sopa da massa e enrole levemente até formar uma bola. Umedeça as pontas dos dedos com água fria, se necessário, para evitar que grudem. Coloque as bolas com cerca de 2,5 cm de distância na assadeira preparada. Pressione uma cereja ou amêndoa no topo da massa.

4. Asse por 18 a 20 minutos ou até que os biscoitos estejam levemente dourados. Deixe esfriar um pouco na assadeira.

5. Com uma espátula de metal fina, transfira os biscoitos para uma gradinha para esfriar completamente. Guarde os biscoitos em recipientes herméticos. (Se você quiser guardar esses biscoitos por mais de um ou dois dias, congele-os para manter a textura macia. Eles podem ser consumidos diretamente do freezer.)

Macaroons de pinhão

Biscoitos de Pinoli

Rende 40

Fiz muitas variações desses cookies ao longo dos anos. Esta versão é a minha favorita porque é feita com pasta de amêndoa e amêndoas moídas para dar sabor e textura e tem o sabor rico de pinhões torrados (pignoli).

1 lata (8 onças) de pasta de amêndoa

⅓ xícara de amêndoas escaldadas finamente moídas

2 claras de ovo grandes

1 xícara de açúcar de confeiteiro e mais para decorar

2 xícaras de pinhões ou amêndoas lascadas

1. Coloque uma gradinha no centro do forno. Pré-aqueça o forno a 350°F. Unte uma assadeira grande.

2. Em uma tigela grande, esmigalhe a pasta de amêndoa. Na batedeira em velocidade média, acrescente as amêndoas, as claras e 1 xícara de açúcar de confeiteiro até ficar homogêneo.

3. Pegue uma colher de sopa da massa. Passe a massa nos pinhões, cobrindo-os completamente e formando uma bola. Coloque a bola na assadeira preparada. Repita com os ingredientes restantes, colocando as bolas com cerca de 2,5 cm de distância.

4. Asse por 18 a 20 minutos ou até dourar levemente. Coloque a assadeira em uma gradinha. Deixe os biscoitos esfriarem por 2 minutos na assadeira.

5. Transfira os biscoitos para uma gradinha para esfriar completamente. Polvilhe com açúcar de confeiteiro. Guarde em um recipiente hermético na geladeira por até 1 semana.

Barras de avelã

Nocciolado

Rende 6 dúzias

Essas barras tenras e quebradiças estão cheias de nozes. Eles mal se mantêm juntos e derretem na boca. Sirva-os com sorvete de chocolate.

2 1/3 xícaras de farinha de trigo

11/2 xícaras de avelãs descascadas e torradas, picadas finamente (verComo torrar e descascar nozes)

11/2 xícaras de açúcar

1/2 colher de chá de sal

1 xícara (2 palitos) de manteiga sem sal, derretida e resfriada

1 ovo grande mais 1 gema batida

1. Coloque uma gradinha no centro do forno. Pré-aqueça o forno a 350°F. Unte uma forma de rolo de gelatina de 15 × 10 × 1 polegada.

2. Em uma tigela grande com uma colher de pau, misture a farinha, as nozes, o açúcar e o sal. Adicione a manteiga e mexa até ficar uniformemente umedecido. Adicione os ovos. Mexa até ficar bem misturado e a mistura ficar unida.

3. Despeje a mistura na assadeira preparada. Aplique-o com firmeza em uma camada uniforme.

4. Asse por 30 minutos ou até dourar. Ainda quente, corte em retângulos de 2 x 1 polegada.

5. Deixe esfriar por 10 minutos na panela. Transfira os biscoitos para uma gradinha grande para esfriar completamente.

Biscoitos De Manteiga De Nozes

Biscoitos de Noce

Rende 5 dúzias

Com nozes e amanteigados, esses biscoitos em forma de meia-lua do Piemonte são perfeitos para o Natal. Embora muitas vezes sejam feitos com avelãs, gosto de usar nozes. Amêndoas também podem ser substituídas.

Esses biscoitos podem ser feitos inteiramente no processador de alimentos. Se não tiver, triture as nozes e o açúcar no liquidificador ou moedor de nozes e misture o restante dos ingredientes manualmente.

1 xícara de pedaços de nozes

1/3 xícara de açúcar mais 1 xícara a mais para enrolar os biscoitos

2 xícaras de farinha de trigo

1 xícara (2 palitos) de manteiga sem sal, em temperatura ambiente

1. Pré-aqueça o forno a 350°F. Unte e enfarinhe 2 assadeiras grandes.

2. Em um processador de alimentos, misture as nozes e o açúcar. Processe até que as nozes estejam bem picadas. Adicione a farinha e processe até misturar.

3. Adicione a manteiga aos poucos e pulse para misturar. Retire a massa do recipiente e aperte-a com as mãos.

4. Despeje a 1 xícara de açúcar restante em uma tigela rasa. Corte um pedaço de massa do tamanho de uma noz e forme uma bola. Molde a bola em forma de lua crescente, afinando as pontas. Role suavemente a lua crescente no açúcar. Coloque o crescente em uma assadeira preparada. Repita com a massa restante e o açúcar, colocando cada biscoito com cerca de 2,5 cm de distância.

5. Asse por 15 minutos ou até dourar levemente. Coloque as assadeiras sobre uma gradinha para esfriar por 5 minutos.

6. Transfira os biscoitos para as gradinhas para esfriar completamente. Armazene em um recipiente hermético por até 2 semanas.

Biscoitos Arco-Íris

Biscotti Tricolori

Rende cerca de 4 dúzias

Embora eu nunca os tenha visto na Itália, esses biscoitos "arco-íris" ou tricolores com cobertura de chocolate são os favoritos nas padarias italianas e em outras padarias dos Estados Unidos. Infelizmente, muitas vezes têm cores berrantes e podem ser secos e sem gosto.

Experimente esta receita e verá como estes biscoitos podem ficar bons. São um pouco complicados de fazer, mas o resultado é muito bonito e delicioso. Se preferir não usar corante alimentício, os biscoitos ainda ficarão atrativos. Por conveniência, é melhor ter três assadeiras idênticas. Mas você ainda pode fazer os biscoitos com apenas uma assadeira se assar uma porção de massa de cada vez. Os biscoitos prontos ficam bem na geladeira.

8 onças de pasta de amêndoa

11/2 xícaras (3 palitos) de manteiga sem sal

1 xícara de açúcar

4 ovos grandes, separados

¼ colher de chá de sal

2 xícaras de farinha de trigo não branqueada

10 gotas de corante alimentar vermelho ou a gosto (opcional)

10 gotas de corante alimentar verde ou a gosto (opcional)

½ xícara de conserva de damasco

½ xícara de geléia de framboesa sem sementes

1 pacote (6 onças) de gotas de chocolate meio amargo

1. Pré-aqueça o forno a 350°F. Unte três assadeiras idênticas de 13 × 9 × 2 polegadas. Forre as forminhas com papel manteiga e unte o papel.

2. Esfarele a pasta de amêndoa em uma tigela grande. Adicione a manteiga, 1/2 xícara de açúcar, as gemas e o sal. Bata até obter um creme claro e fofo. Junte a farinha apenas até misturar bem.

3. Em outra tigela grande, com batedores limpos, bata as claras em velocidade média até formar uma espuma. Aos poucos, acrescente o açúcar restante. Aumente a velocidade para alta.

Continue batendo até que as claras formem picos suaves quando os batedores forem levantados.

4. Com uma espátula de borracha, dobre 1/3 das claras na mistura de gemas para clarear. Aos poucos, adicione as claras restantes.

5. Coloque 1/3 da massa em uma tigela e outro 1/3 em outra tigela. Se estiver usando corante alimentício, coloque o vermelho em uma tigela e o verde na outra.

6. Espalhe cada tigela de massa em uma assadeira separada, alisando-a uniformemente com uma espátula. Asse as camadas por 10 a 12 minutos, até que o bolo esteja firme e levemente colorido nas bordas. Deixe esfriar na assadeira por 5 minutos e, em seguida, coloque as camadas sobre uma gradinha, deixando o papel manteiga preso. Deixe esfriar completamente.

7. Usando o papel para levantar uma camada, inverta o bolo e coloque-o com o papel voltado para cima em uma bandeja grande. Retire o papel com cuidado. Espalhe uma fina camada de geléia de framboesa.

8. Coloque uma segunda camada com o papel voltado para cima em cima da primeira. Retire o papel e espalhe o bolo com a geléia de damasco.

9. Coloque a camada restante com o lado do papel voltado para cima. Retire o papel. Com uma faca grande e pesada e uma régua como guia, apare as bordas do bolo para deixar as camadas retas e uniformes em toda a volta.

10. Leve cerca de 5 centímetros de água para ferver na metade inferior de um banho-maria ou em uma panela pequena. Coloque as gotas de chocolate na metade superior do banho-maria ou em uma tigela pequena e refratária que caiba confortavelmente sobre a panela. Coloque a tigela sobre a água fervente. Deixe repousar descoberto até o chocolate amolecer. Mexa até ficar homogêneo. Despeje o chocolate derretido por cima das camadas do bolo e espalhe bem com uma espátula. Leve à geladeira até que o chocolate comece a endurecer, cerca de 30 minutos. (Não deixe ficar muito duro, ou ele quebrará quando você cortar.)

11. Retire o bolo da geladeira. Usando uma régua ou outra régua como guia, corte o bolo longitudinalmente em 6 tiras, primeiro cortando-o em três e depois cortando cada terço ao meio. Corte transversalmente em 5 tiras. Deixe o bolo cortado na forma e leve à geladeira até que o chocolate fique firme. Sirva ou transfira os biscoitos para um recipiente hermético e guarde na geladeira. Eles permanecem bem por várias semanas.

Biscoitos de Figo de Natal

Cuccidati

Rende 18 biscoitos grandes

Não consigo imaginar o Natal sem esses biscoitos. Para muitos sicilianos, fazê-los é um projeto familiar. As mulheres misturam e enrolam a massa, enquanto os homens cortam e trituram os ingredientes do recheio. As crianças decoram os biscoitos recheados. Eles são tradicionalmente cortados em vários formatos fantásticos, lembrando pássaros, folhas ou flores. Algumas famílias fazem dezenas deles para dar a amigos e vizinhos.

Massa

21/2 xícaras de farinha de trigo

1/3 xícara de açúcar

2 colheres de chá de fermento em pó

1/2 colher de chá de sal

6 colheres de sopa de manteiga sem sal

2 ovos grandes, em temperatura ambiente

1 colher de chá de extrato de baunilha puro

Enchimento

2 xícaras de figos secos úmidos, caules removidos

½ xícara de passas

1 xícara de nozes torradas e picadas

½ xícara de chocolate meio amargo picado (cerca de 60 gramas)

⅓ xícara de mel

¼ xícara de suco de laranja

1 colher de chá de raspas de laranja

1 colher de chá de canela em pó

⅛ colher de chá de cravo moído

Conjunto

1 gema de ovo batida com 1 colher de chá de água

Doces granulados coloridos

1. Prepare a massa: Em uma tigela grande, misture a farinha, o açúcar, o fermento e o sal. Corte a manteiga, na batedeira ou no

liquidificador, até que a mistura fique parecida com migalhas grossas.

2. Em uma tigela, bata os ovos e a baunilha. Adicione os ovos aos ingredientes secos, mexendo com uma colher de pau até que a massa fique bem umedecida. Se a massa estiver muito seca, misture um pouco de água fria, algumas gotas de cada vez.

3. Forme uma bola com a massa e coloque-a sobre uma folha de filme plástico. Achate-o em um disco e embrulhe bem. Leve à geladeira pelo menos 1 hora ou durante a noite.

4. Prepare o recheio: Em um processador de alimentos ou moedor de carne, triture os figos, as passas e as nozes até ficarem picados grosseiramente. Acrescente o restante dos ingredientes. Cubra e leve à geladeira se não for usar dentro de uma hora.

5. Para montar os pastéis, pré-aqueça o forno a 375°F. Unte duas assadeiras grandes.

6. Corte a massa em 6 pedaços. Em uma superfície levemente enfarinhada, enrole cada pedaço em um tronco de cerca de 10 centímetros de comprimento.

7. Com um rolo enfarinhado, enrole um tronco em um retângulo de 9 × 5 polegadas. Apare as bordas.

8. Coloque uma tira de 3/4 polegadas do recheio longitudinalmente, ligeiramente para um lado do centro da massa enrolada. Dobre um lado comprido da massa sobre o outro e pressione as bordas para selar. Corte a massa recheada transversalmente em 3 pedaços iguais.

9. Com uma faca afiada, faça fendas de 3/4 polegadas de comprimento em intervalos de 1/2 polegadas no recheio e na massa. Curvando-os ligeiramente para abrir as fendas e revelar o recheio de figo, coloque os pastéis a 2,5 cm de distância nas assadeiras.

10. Pincele a massa com o ovo batido. Regue com granulado doce, se desejar. Repita com os ingredientes restantes.

11. Asse os biscoitos por 20 a 25 minutos ou até dourar.

12. Resfrie os biscoitos em uma gradinha. Guarde em recipiente hermético na geladeira por até 1 mês.

Amêndoa Frágil

Crocante ou Torrone

Rende 10 a 12 porções

Os sicilianos fazem esses doces com pinhões, pistache ou sementes de gergelim no lugar das amêndoas. Um limão é perfeito para suavizar a calda quente.

Óleo vegetal

2 xícaras de açúcar

¼ xícara de mel

2 xícaras de amêndoas (10 onças)

1 limão inteiro, lavado e seco

1. Pincele uma superfície de mármore ou uma assadeira de metal com óleo vegetal de sabor neutro.

2. Em uma panela média, misture o açúcar e o mel. Cozinhe em fogo médio-baixo, mexendo de vez em quando, até o açúcar começar a derreter, cerca de 20 minutos. Deixe ferver e cozinhe sem mexer por mais 5 minutos ou até que a calda fique clara.

3. Adicione as nozes e cozinhe até a calda ficar com a cor âmbar, cerca de 3 minutos. Despeje com cuidado a calda quente sobre a superfície preparada, usando o limão para alisar as nozes em uma única camada. Deixe esfriar completamente. Quando o quebradiço estiver frio e duro, após cerca de 30 minutos, deslize uma espátula de metal fina por baixo dele. Levante o quebradiço e quebre-o em pedaços de 1/2 polegada. Armazene em recipientes herméticos em temperatura ambiente.

Rolinhos de Nozes Sicilianas

Mostaccioli

Faz 64 biscoitos

Antigamente esses biscoitos eram feitos com mosto cotto, suco concentrado de uva vinífera. Os cozinheiros de hoje usam mel.

Massa

3 xícaras de farinha de trigo

1/2 xícara de açúcar

1 colher de chá de sal

1/2 xícara de gordura vegetal

4 colheres de sopa (1/2 palito) de manteiga sem sal, em temperatura ambiente

2 ovos grandes

2 a 3 colheres de sopa de leite frio

Enchimento

1 xícara de amêndoas torradas

1 xícara de nozes torradas

½ xícara de avelãs torradas e sem pele

¼ xícara de açúcar

¼ xícara de mel

2 colheres de chá de raspas de laranja

¼ colher de chá de canela em pó

Açúcar de confeiteiro

1. Em uma tigela grande, misture a farinha, o açúcar e o sal. Corte a gordura vegetal e a manteiga até que a mistura fique parecida com migalhas grossas.

2. Em uma tigela pequena, bata os ovos com duas colheres de leite. Adicione a mistura aos ingredientes secos, mexendo até a massa ficar umedecida por igual. Se necessário, misture um pouco mais de leite.

3. Forme uma bola com a massa e coloque-a sobre uma folha de filme plástico. Achate-o em um disco e embrulhe bem. Leve à geladeira por 1 hora durante a noite.

4. Processe as nozes e o açúcar em um processador de alimentos. Processe até ficar bem. Adicione o mel, as raspas e a canela e processe até misturar bem. Pré-aqueça o forno a 350°F. Unte 2 assadeiras grandes.

5. Divida a massa em 4 pedaços. Abra um pedaço entre duas folhas de filme plástico para formar um quadrado ligeiramente maior que 20 centímetros. Apare as bordas e corte a massa em quadrados de 5 cm. Coloque uma colher de chá cheia do recheio ao longo de um lado de cada quadrado. Enrole a massa para envolver completamente o recheio. Coloque o lado da costura voltado para baixo na assadeira. Repita com o restante da massa e do recheio, separando os biscoitos com 2,5 cm de distância.

6. Asse por 18 minutos ou até que os biscoitos estejam levemente dourados. Transfira os biscoitos para uma gradinha para esfriar. Armazene em um recipiente bem fechado por até 2 semanas. Polvilhe com açúcar de confeiteiro antes de servir.

Pão de ló

Pan di Spagna

Faz duas camadas de 8 ou 9 polegadas

Este clássico e versátil pão de ló italiano funciona bem com recheios como conservas de frutas, chantilly, creme de pastelaria, sorvete ou creme de ricota. O bolo também congela bem, por isso é conveniente tê-lo à mão para sobremesas rápidas.

Manteiga para a panela

6 ovos grandes, em temperatura ambiente

2/3 xícara de açúcar

1 1/2 colheres de chá de extrato de baunilha puro

1 xícara de farinha de trigo peneirada

1. Coloque a grelha no centro do forno. Pré-aqueça o forno a 375°F. Unte com manteiga duas formas de bolo com camadas de 20 ou 23 cm. Forre o fundo das panelas com círculos de papel manteiga ou papel manteiga. Passe manteiga no papel. Polvilhe as forminhas com farinha e retire o excesso.

2. Em uma tigela grande com a batedeira, comece a bater os ovos em velocidade baixa. Adicione lentamente o açúcar, aumentando gradualmente a velocidade da batedeira para alta. Adicione a baunilha. Bata os ovos até ficarem espessos e amarelo claro, cerca de 7 minutos.

3. Coloque a farinha em uma peneira de malha fina. Agite cerca de um terço da farinha sobre a mistura de ovos. Aos poucos e com muito cuidado, misture a farinha com uma espátula de borracha. Repita, adicionando a farinha em 2 adições e dobrando até que não haja estrias.

4. Espalhe a massa uniformemente nas formas preparadas. Asse por 20 a 25 minutos ou até que os bolos voltem ao normal quando pressionados levemente no centro e a parte superior fique levemente dourada. Prepare 2 racks de resfriamento. Deixe esfriar os bolos por 10 minutos nas formas sobre uma gradinha.

5. Inverta os bolos nas gradinhas e retire as formas. Retire o papel com cuidado. Deixe esfriar completamente. Sirva imediatamente ou cubra com uma tigela invertida e guarde em temperatura ambiente por até 2 dias.

Bolo De Esponja Cítrico

Torta de Agrumi

Serve de 10 a 12

O azeite confere a este bolo um sabor e textura distintos. Use um azeite suave ou o sabor pode ser intrusivo. Por não conter manteiga, leite ou outros laticínios, este bolo é bom para quem não pode comer esses alimentos.

Este é um bolo grande, embora seja muito leve e arejado. Para assá-lo, você precisará de uma forma tubular de 25 centímetros com fundo removível - do tipo usado para bolos de anjo.

Um pouco de creme de tártaro, disponível na seção de temperos da maioria dos supermercados, ajuda a estabilizar as claras desse bolo grande.

2 1/4 xícaras de farinha de bolo simples (não com fermento)

1 colher de sopa de fermento em pó

1 colher de chá de sal

6 ovos grandes, separados, em temperatura ambiente

1 1/4 xícaras de açúcar

1 1/2 colheres de chá de raspas de laranja

1 1/2 colheres de chá de raspas de limão raladas

¾ xícara de suco de laranja espremido na hora

½ xícara de azeite extra-virgem

1 colher de chá de extrato de baunilha puro

¼ colher de chá de creme de tártaro

1. Coloque a grelha do forno no terço inferior do forno. Pré-aqueça o forno a 325°F. Em uma tigela grande, peneire a farinha, o fermento e o sal.

2. Em uma tigela grande com a batedeira, bata as gemas, 1 xícara de açúcar, as raspas de laranja e limão, o suco de laranja, o óleo e o extrato de baunilha até ficar homogêneo, cerca de 5 minutos. Com uma espátula de borracha, misture o líquido aos ingredientes secos.

3. Em outra tigela grande com batedores limpos, bata as claras em velocidade média até formar uma espuma. Aos poucos, adicione 1/4 xícara de açúcar restante e o creme de tártaro. Aumente a velocidade para alta. Bata até formar picos suaves quando os

batedores forem levantados, cerca de 5 minutos. Dobre as claras na massa.

4. Raspe a massa em uma forma tubular não untada de 25 centímetros com fundo removível. Asse por 55 minutos ou até que o bolo esteja dourado e um palito inserido no centro saia limpo.

5. Coloque a forma de cabeça para baixo sobre uma gradinha e deixe o bolo esfriar completamente. Passe uma faca de lâmina fina pelo interior da assadeira para soltar o bolo. Retire o bolo e o fundo da assadeira. Deslize a faca por baixo do bolo e retire o fundo da forma. Sirva imediatamente ou cubra com uma tigela virada e guarde em temperatura ambiente por até 2 dias.

Bolo De Azeite De Limão

Torta de Limone

Rende 8 porções

Um bolo leve e de limão da Puglia que é sempre um prazer ter à mão.

11/2 xícaras de farinha de bolo simples (não com fermento)

11/2 colheres de chá de fermento em pó

½ colher de chá de sal

3 ovos grandes, em temperatura ambiente

1 xícara de açúcar

⅓ xícara de azeite

1 colher de chá de extrato de baunilha puro

1 colher de chá de raspas de limão ralada

¼ xícara de suco de limão espremido na hora

1. Coloque a grelha no terço inferior do forno. Pré-aqueça o forno a 350°F. Unte uma forma de mola de 23 cm.

2.Em uma tigela grande, peneire a farinha, o fermento e o sal.

3.Quebre os ovos em uma tigela grande da batedeira. Bata em velocidade média até ficar espesso e amarelo claro, cerca de 5 minutos. Adicione lentamente o açúcar e bata mais 3 minutos. Adicione lentamente o óleo. Bata mais um minuto. Adicione a baunilha e as raspas de limão.

4.Com uma espátula de borracha, misture os ingredientes secos em três adições, alternando com o suco de limão em duas adições.

5.Raspe a massa na assadeira preparada. Asse por 35 a 40 minutos ou até que o bolo fique dourado e salte quando pressionado no centro.

6.Vire a panela de cabeça para baixo sobre uma gradinha. Deixe esfriar completamente. Passe uma faca pela borda externa e remova-a. Sirva imediatamente ou cubra com uma tigela virada e guarde em temperatura ambiente por até 2 dias.

Bolo mármore

Torta Marmorata

Rende 8 a 10 porções

O café da manhã não recebe muita atenção na Itália. Ovos e cereais raramente são consumidos, e a maioria dos italianos sobrevive tomando café com torradas ou talvez um ou dois biscoitos simples. O café da manhã dos hotéis muitas vezes compensa os gostos estrangeiros com uma grande variedade de frios, queijos, frutas, ovos, iogurte, pão e doces. Num hotel em Veneza, vi um magnífico bolo de mármore, um dos meus bolos favoritos, orgulhosamente exposto numa barraca de bolos. Foi maravilhoso com uma xícara de cappuccino, e eu teria gostado igualmente na hora do chá. O garçom me disse que o bolo era entregue fresco diariamente em uma padaria local, onde era uma especialidade. Esta é a minha versão, inspirada na de Veneza.

1 1/2 xícaras de farinha de bolo simples (não com fermento)

1 1/2 colheres de chá de fermento em pó

1/2 colher de chá de sal

3 ovos grandes, em temperatura ambiente

1 xícara de açúcar

⅓ xícara de óleo vegetal

1 colher de chá de extrato de baunilha puro

¼ colher de chá de extrato de amêndoa

½ xícara de leite

2 onças de chocolate amargo ou meio amargo, derretido e resfriado

1. Coloque a grelha do forno no terço inferior do forno. Pré-aqueça o forno a 325°F. Unte e enfarinhe uma forma tubular de 25 centímetros e retire o excesso de farinha.

2. Em uma tigela grande, peneire a farinha, o fermento e o sal.

3. Em outra tigela grande, com a batedeira, bata os ovos em velocidade média até engrossar e ficar amarelo claro, cerca de 5 minutos. Bata lentamente o açúcar, uma colher de sopa de cada vez. Continue batendo por mais 2 minutos.

4. Aos poucos, acrescente o óleo e os extratos. Junte a farinha em 3 adições, acrescentando alternadamente o leite em duas adições.

5. Retire cerca de 11/2 xícaras da massa e coloque-a em uma tigela pequena. Deixou de lado. Raspe a massa restante na assadeira preparada.

6. Dobre o chocolate derretido na massa reservada. Coloque colheradas grandes da massa de chocolate por cima da massa na panela. Para girar a massa, segure uma faca de mesa com a ponta voltada para baixo. Insira a lâmina da faca na massa, passando-a suavemente em toda a assadeira pelo menos 2 vezes.

7. Asse por 40 minutos ou até que o bolo esteja dourado e um palito saia limpo quando inserido no centro. Deixe esfriar sobre uma gradinha por 10 minutos.

8. Inverta o bolo sobre a gradinha e retire a forma. Vire o bolo com o lado direito para cima em outra gradinha. Deixe esfriar completamente. Sirva imediatamente ou cubra com uma tigela invertida e guarde em temperatura ambiente por até 2 dias.

Bolo de rum

Baba au Rhum

Rende 8 a 10 porções

Segundo uma história popular, este bolo foi inventado por um rei polaco que achou o seu babka, um bolo de levedura polaco, demasiado seco e derramou-lhe um copo de rum. Sua criação foi batizada de baba, em homenagem a Ali Babá das Mil e Uma Noites. Não se sabe ao certo como se tornou popular em Nápoles, mas já faz algum tempo.

Por ser fermentado com fermento e não com fermento, o baba tem textura esponjosa, perfeita para absorver a calda de rum. Algumas versões são assadas em forminhas de muffin em miniatura, enquanto outras levam recheio de creme de confeiteiro. Gosto de servir com morangos e chantilly como acompanhamento - não é típico, mas é delicioso e dá uma apresentação linda.

1 pacote (2 1/2 colheres de chá) de fermento seco ativo ou fermento instantâneo

¼ xícara de leite morno (100° a 110°F)

6 ovos grandes

2 2/3 xícaras de farinha de trigo

3 colheres de sopa de açúcar

½ colher de chá de sal

¾ xícara (1½ palitos) de manteiga sem sal, em temperatura ambiente

Xarope

2 xícaras de açúcar

2 xícaras de água

2 tiras (2 polegadas) de raspas de limão

¼ xícara de rum

1. Unte uma forma tubular de 25 centímetros.

2. Polvilhe o fermento sobre o leite morno. Deixe descansar até ficar cremoso, cerca de 1 minuto, e mexa até dissolver.

3. Em uma tigela grande, com a batedeira em velocidade média, bata os ovos até formarem espuma, cerca de 1 minuto. Junte a farinha, o açúcar e o sal. Adicione o fermento e a manteiga e bata até ficar bem misturado, cerca de 2 minutos

4. Raspe a massa na assadeira preparada. Cubra com filme plástico e deixe descansar em local aquecido por 1 hora ou até a massa dobrar de volume.

5. Coloque uma gradinha no centro do forno. Pré-aqueça o forno a 400°F. Asse o bolo por 30 minutos ou até que esteja dourado e um palito inserido no centro saia limpo.

6. Inverta o bolo sobre uma gradinha. Retire a panela e deixe esfriar por 10 minutos.

7. Para fazer a calda, misture o açúcar, a água e as raspas de limão em uma panela média. Leve a mistura para ferver e mexa até que o açúcar se dissolva, cerca de 2 minutos. Retire as raspas de limão. Junte o rum. Reserve 1/4 xícara da calda.

8. Devolva o bolo para a panela. Com um garfo, faça furos em toda a superfície. Coloque lentamente a calda sobre o bolo enquanto ambos ainda estão quentes. Deixe esfriar completamente na panela.

9. Pouco antes de servir, vire o bolo em um prato de servir. Regue com a calda restante. Sirva imediatamente. Armazenar coberto com uma tigela virada em temperatura ambiente por até 2 dias.

Bolo da vovó

Torta da Nonna

Rende 8 porções

Não consegui decidir se incluiria esta receita - chamada torta della nonna - nas tortas ou nos bolos; no entanto, como os toscanos chamam isso de torta, eu a incluo nos bolos. É composto por duas camadas de massa recheadas com um creme espesso. Não sei de quem foi a avó que inventou, mas todo mundo adora o bolo dela. Existem muitas variações, algumas incluindo sabor de limão.

1 xícara de leite

3 gemas grandes

1/3 xícara de açúcar

11/2 colheres de chá de extrato de baunilha puro

2 colheres de sopa de farinha de trigo

2 colheres de sopa de licor de laranja ou rum

Massa

12/3 xícara de farinha de trigo

½ xícara de açúcar

1 colher de chá de fermento em pó

½ colher de chá de sal

½ xícara (1 palito) de manteiga sem sal, em temperatura ambiente

1 ovo grande, levemente batido

1 colher de chá de extrato de baunilha puro

1 gema de ovo batida com 1 colher de chá de água, para lavar os ovos

2 colheres de sopa de pinhões

Açúcar de confeiteiro

1. Em uma panela média, aqueça o leite em fogo baixo até formar bolhas nas bordas. Retire do fogo.

2. Em uma tigela média, bata as gemas, o açúcar e a baunilha até ficar amarelo claro, cerca de 5 minutos. Junte a farinha. Adicione aos poucos o leite quente, mexendo sempre. Transfira a mistura para a panela e leve ao fogo médio, mexendo sempre, até ferver. Reduza o fogo e cozinhe por 1 minuto. Raspe a mistura em uma tigela. Junte o licor. Coloque um pedaço de filme plástico

diretamente sobre a superfície do creme para evitar a formação de película. Leve à geladeira por 1 hora durante a noite.

3. Coloque a grelha no centro do forno. Pré-aqueça o forno a 350°F. Unte uma forma redonda de 9 × 2 polegadas.

4. Prepare a massa: Em uma tigela grande, misture a farinha, o açúcar, o fermento e o sal. Com um liquidificador, corte a manteiga até que a mistura fique parecida com migalhas grossas. Adicione o ovo e a baunilha e mexa até formar uma massa. Divida a massa ao meio.

5. Espalhe metade da massa uniformemente no fundo da assadeira preparada. Pressione a massa no fundo da panela e 1/2 polegada nas laterais. Espalhe o creme gelado no centro da massa, deixando uma borda de 2,5 cm ao redor da borda.

6. Em uma superfície levemente enfarinhada, abra a massa restante em um círculo de 23 cm. Coloque a massa sobre o recheio. Pressione as bordas da massa para selar. Pincele o ovo por cima do bolo. Polvilhe com os pinhões. Com uma faca pequena, faça vários cortes na parte superior para permitir a saída do vapor.

7. Asse por 35 a 40 minutos ou até dourar por cima. Deixe esfriar na forma sobre uma gradinha por 10 minutos.

8. Inverta o bolo sobre a gradinha e, em seguida, inverta-o sobre outra gradinha para esfriar completamente. Polvilhe com açúcar de confeiteiro antes de servir. Sirva imediatamente ou embrulhe o bolo em filme plástico e leve à geladeira por até 8 horas. Embrulhe e guarde na geladeira.

Bolo De Amêndoa De Damasco

Torta de Albicocche e Mandorle

Rende 8 porções

Damascos e amêndoas são sabores muito compatíveis. Se você não encontrar damascos frescos, substitua-os por pêssegos ou nectarinas.

Cobertura

2/3 xícara de açúcar

1/4 xícara de água

12 a 14 damascos ou 6 a 8 pêssegos, cortados ao meio, sem caroço e cortados em fatias de 1/4 polegada de espessura

Bolo

1 xícara de farinha multiuso

1 colher de chá de fermento em pó

1/2 colher de chá de sal

1/2 xícara de pasta de amêndoa

2 colheres de sopa de manteiga sem sal

²/3 xícara de açúcar

½ colher de chá de extrato de baunilha puro

2 ovos grandes

²/3 xícara de leite

1. Prepare a cobertura: Coloque o açúcar e a água em uma panela pequena e pesada. Cozinhe em fogo médio, mexendo de vez em quando, até que o açúcar esteja completamente dissolvido, cerca de 3 minutos. Quando a mistura começar a ferver, pare de mexer e cozinhe até a calda começar a dourar nas bordas. Em seguida, agite suavemente a panela sobre o fogo até que a calda fique dourada e uniforme, cerca de mais 2 minutos.

2. Protegendo sua mão com um porta-panelas, despeje imediatamente o caramelo em uma forma redonda de 23 x 5 cm. Incline a panela para cobrir o fundo uniformemente. Deixe o caramelo esfriar até firmar, cerca de 5 minutos.

3. Coloque a grelha do forno no centro do forno. Pré-aqueça o forno a 350°F. Disponha as frutas fatiadas, ligeiramente sobrepostas, em círculos por cima do caramelo.

4. Misture a farinha, o fermento e o sal em uma peneira de malha fina sobre um pedaço de papel manteiga. Peneire os ingredientes secos sobre o papel.

5. Na tigela grande da batedeira, bata a pasta de amêndoa, a manteiga, o açúcar e a baunilha até ficar cremosa, cerca de 4 minutos. Junte os ovos, um de cada vez, raspando as laterais da tigela. Continue batendo até ficar homogêneo e bem misturado, cerca de mais 4 minutos.

6. Com a batedeira em velocidade baixa, misture 1/3 da mistura de farinha. Adicione 1/3 do leite. Adicione o restante da mistura de farinha e o leite em mais duas adições da mesma forma, terminando com a farinha. Mexa apenas até ficar homogêneo.

7. Despeje a massa sobre as frutas. Asse por 40 a 45 minutos ou até que o bolo esteja dourado e um palito inserido no centro saia limpo.

8. Deixe o bolo esfriar na forma sobre uma gradinha por 10 minutos. Passe uma espátula de metal fina pelo interior da panela. Inverta o bolo sobre um prato de servir (as frutas ficarão por cima) e deixe esfriar completamente antes de servir. Sirva imediatamente ou cubra com uma tigela invertida e guarde em temperatura ambiente por até 24 horas.

Torta de frutas de verão

Torta dell'Estate

Rende 8 porções

Frutas macias como ameixas, damascos, pêssegos e nectarinas são ideais para esta torta. Experimente fazer com uma combinação de frutas.

12 a 16 ameixas ou damascos, ou 6 pêssegos ou nectarinas médios, cortados ao meio, sem caroço e cortados em fatias de 1/2 polegada

1 xícara de farinha multiuso

1 colher de chá de fermento em pó

½ colher de chá de sal

½ xícara (1 palito) de manteiga sem sal, em temperatura ambiente

⅔ xícara mais 2 colheres de sopa de açúcar

1 ovo grande

1 colher de chá de raspas de limão ralada

1 colher de chá de extrato de baunilha puro

Açúcar de confeiteiro

1. Coloque a grelha no centro do forno. Pré-aqueça o forno a 350°F. Unte uma forma de mola de 23 cm.

2. Em uma tigela grande, misture a farinha, o fermento e o sal.

3. Em outra tigela grande, bata a manteiga com 2/3 xícara de açúcar até obter um creme claro e fofo, cerca de 3 minutos. Junte o ovo, as raspas de limão e a baunilha até ficar homogêneo. Adicione os ingredientes secos e mexa apenas até misturar bem, cerca de mais 1 minuto.

4. Raspe a massa na assadeira preparada. Disponha as frutas, sobrepondo-as levemente, por cima em círculos concêntricos. Polvilhe com as 2 colheres de açúcar restantes.

5. Asse por 45 a 50 minutos ou até que o bolo esteja dourado e um palito inserido no centro saia limpo.

6. Deixe o bolo esfriar na forma sobre uma gradinha por 10 minutos e depois retire a borda da forma. Deixe o bolo esfriar completamente. Polvilhe com açúcar de confeiteiro antes de servir. Sirva imediatamente ou cubra com uma tigela virada e guarde em temperatura ambiente por até 24 horas.

Torta de frutas de outono

Torta del Outono

Rende 8 porções

Maçãs, peras, figos ou ameixas ficam bem neste bolo simples. A massa forma uma camada superior que não cobre totalmente a fruta, permitindo que ela espreite pela superfície do bolo. Gosto de servir um pouco quente.

1 1/2 xícaras de farinha de trigo

1 colher de chá de fermento em pó

1/2 colher de chá de sal

2 ovos grandes

1 xícara de açúcar

1 colher de chá de extrato de baunilha puro

4 colheres de sopa de manteiga sem sal, derretida e resfriada

2 maçãs ou peras médias, descascadas, sem caroço e cortadas em fatias finas

Açúcar de confeiteiro

1. Coloque a grelha no centro do forno. Pré-aqueça o forno a 350°F. Unte e enfarinhe uma forma de bolo de 23 cm. Retire o excesso de farinha.

2. Em uma tigela, misture a farinha, o fermento e o sal.

3. Em uma tigela grande, bata os ovos com o açúcar e a baunilha até misturar bem, cerca de 2 minutos. Junte a manteiga. Junte a mistura de farinha até misturar bem, cerca de mais 1 minuto.

4. Espalhe metade da massa na assadeira preparada. Cubra com as frutas. Coloque a massa restante por cima às colheradas. Espalhe a massa uniformemente sobre as frutas. A camada será fina. Não se preocupe se a fruta não estiver completamente coberta.

5. Asse por 30 a 35 minutos ou até que o bolo esteja dourado e um palito inserido no centro saia limpo.

6. Deixe o bolo esfriar por 10 minutos na forma sobre uma gradinha. Remova a borda da panela. Deixe esfriar completamente o bolo na gradinha. Sirva quente ou em temperatura ambiente com uma pitada de açúcar de confeiteiro. Armazenar coberto com uma tigela grande invertida em temperatura ambiente por até 24 horas.

Bolo De Polenta E Pêra

Doce de polenta

Rende 8 porções

O fubá amarelo confere uma textura agradável e uma cor dourada quente a este bolo rústico do Vêneto.

1 xícara de farinha multiuso

⅓ xícara de fubá amarelo finamente moído

1 colher de chá de fermento em pó

½ colher de chá de sal

¾ xícara (1½ palitos) de manteiga sem sal, amolecida

¾ xícara mais 2 colheres de sopa de açúcar

1 colher de chá de extrato de baunilha puro

½ colher de chá de raspas de limão raladas

2 ovos grandes

⅓ xícara de leite

1 pêra grande madura, sem caroço e cortada em fatias finas

1. Coloque uma gradinha no centro do forno. Pré-aqueça o forno a 350°F. Unte e enfarinhe uma forma de mola de 23 cm. Retire o excesso de farinha.

2. Em uma tigela grande, peneire a farinha, o fubá, o fermento e o sal.

3. Em uma tigela grande com a batedeira, bata a manteiga, adicionando aos poucos 3/4 xícara de açúcar até obter um creme claro e fofo, cerca de 3 minutos. Junte a baunilha e as raspas de limão. Junte os ovos, um de cada vez, raspando as laterais da tigela. Em velocidade baixa, misture metade dos ingredientes secos. Adicione o leite. Junte os ingredientes secos restantes até ficar homogêneo, cerca de 1 minuto.

4. Espalhe a massa na assadeira preparada. Disponha as fatias de pêra por cima, sobrepondo-as ligeiramente. Polvilhe a pêra com as 2 colheres de açúcar restantes.

5. Asse por 45 minutos ou até que o bolo esteja dourado e um palito inserido no centro saia limpo.

6. Deixe esfriar o bolo na forma por 10 minutos sobre uma gradinha. Retire a borda da forma e deixe esfriar completamente

o bolo na gradinha. Sirva imediatamente ou cubra com uma tigela grande invertida e guarde em temperatura ambiente por até 24 horas.

Cheesecake de Ricota

Torta de ricota

Rende 12 porções

Gosto de pensar nisso como um cheesecake italiano ao estilo americano. É um bolo grande, mas de sabor delicado, com raspas de limão e canela. Este bolo é assado em banho-maria para que cozinhe por igual. O fundo da panela é embrulhado em papel alumínio para evitar que a água escorra para dentro da panela.

11/4 xícaras de açúcar

1/3 xícara de farinha de trigo

1/2 colher de chá de canela em pó

3 libras de ricota inteira ou parcialmente desnatada

8 ovos grandes

2 colheres de chá de extrato de baunilha puro

2 colheres de chá de raspas de limão raladas

1. Coloque uma gradinha no centro do forno. Pré-aqueça o forno a 350°F. Unte e enfarinhe uma forma de mola de 23 cm. Retire o

excesso de farinha. Coloque a panela em um quadrado de 12 polegadas de papel alumínio resistente. Molde o papel alumínio firmemente ao redor da base e cerca de 5 centímetros nas laterais da panela para que a água não entre.

2. Em uma tigela média, misture o açúcar, a farinha e a canela.

3. Em uma tigela grande, bata a ricota até ficar homogêneo. Junte os ovos, a baunilha e as raspas de limão até ficar bem misturado. (Para obter uma textura mais lisa, bata os ingredientes na batedeira ou processe-os no processador de alimentos.) Junte os ingredientes secos até misturar bem.

4. Despeje a massa na forma preparada. Coloque a assadeira em uma assadeira grande e leve ao forno. Despeje cuidadosamente água quente até uma profundidade de 2,5 cm na assadeira. Asse por 1 1/2 horas ou até que o topo do bolo esteja dourado e um palito inserido a 5 cm do centro saia limpo.

5. Desligue o forno e abra ligeiramente a porta. Deixe o bolo esfriar no forno desligado por 30 minutos. Retire o bolo do forno e retire a embalagem de papel alumínio. Deixe esfriar até a temperatura ambiente na forma sobre uma gradinha.

6.Sirva em temperatura ambiente ou leve à geladeira e sirva levemente gelado. Conservar coberto com tigela invertida na geladeira por até 3 dias.

Bolo De Ricota Siciliano

Cassata

Rende 10 a 12 porções

Cassata é a glória das sobremesas sicilianas. Consiste em duas camadas de pan di Spagna (Pão de ló) recheado com ricota adoçada e aromatizada. O bolo inteiro é coberto com duas coberturas, uma de pasta de amêndoa colorida e outra aromatizada com limão. Os sicilianos decoram o bolo com frutas cristalizadas brilhantes e recortes de pasta de amêndoa para que pareça algo saído de um conto de fadas.

Originalmente servida apenas na época da Páscoa, a cassata hoje é encontrada em comemorações ao longo do ano.

2 Pão de ló camadas

1 libra de ricota inteira ou parcialmente desnatada

½ xícara de açúcar de confeiteiro

1 colher de chá de extrato de baunilha puro

¼ colher de chá de canela em pó

½ xícara de chocolate meio amargo picado

2 colheres de sopa de casca de laranja cristalizada picada

Glacê

4 onças de pasta de amêndoa

2 ou 3 gotas de corante alimentar verde

2 claras de ovo

1/4 colher de chá de raspas de limão raladas

1 colher de sopa de suco de limão fresco

2 xícaras de açúcar de confeiteiro

Frutas cristalizadas ou secas, como cerejas, abacaxi ou cidra

1. Prepare o pão de ló, se necessário. Em seguida, em uma tigela grande com um batedor de arame, bata a ricota, o açúcar, a baunilha e a canela até ficar homogêneo e cremoso. Junte o chocolate e a casca da laranja.

2. Coloque uma camada de bolo em um prato de servir. Espalhe a mistura de ricota por cima. Coloque a segunda camada de bolo sobre o recheio.

3. Para a decoração, esmigalhe a pasta de amêndoa em um processador de alimentos com lâmina de aço. Adicione uma gota de corante alimentar. Processe até ficar uniformemente verde claro, adicionando mais cor se necessário. Remova a pasta de amêndoa e molde-a em um tronco curto e grosso.

4. Corte a pasta de amêndoa em 4 fatias longitudinais. Coloque uma fatia entre duas folhas de papel manteiga. Com um rolo, alise-o em uma fita estreita de 7 centímetros de comprimento e 1/8 de polegada de espessura. Desembrulhe e apare as arestas, reservando as sobras. Repita com a pasta de amêndoa restante. As fitas devem ter aproximadamente a mesma largura da altura do bolo. Enrole as fitas de pasta de amêndoa de ponta a ponta em todas as laterais do bolo, sobrepondo levemente as pontas.

5. Junte os restos de pasta de amêndoa e enrole-os novamente. Corte em formas decorativas, como estrelas, flores ou folhas, com cortadores de biscoitos.

6. Prepare a cobertura: Bata as claras, as raspas de limão e o suco. Adicione o açúcar de confeiteiro e mexa até ficar homogêneo.

7. Espalhe a cobertura uniformemente por cima do bolo. Decore o bolo com os recortes de pasta de amêndoa e as frutas cristalizadas. Cubra com uma tigela grande virada e leve à

geladeira até a hora de servir, por até 8 horas. Guarde as sobras cobertas na geladeira por até 2 dias.

Bolo De Migalha De Ricota

Sbriciolata de ricota

Rende 8 porções

O brunch, uma refeição bem americana, está na moda atualmente em Milão e em outras cidades do norte da Itália. Esta é a minha versão do bolo recheado com ricota que comi no brunch em um café não muito longe da Piazza del Duomo, no coração de Milão.

2 1/2 xícaras de farinha de trigo

1/2 colher de chá de sal

1/2 colher de chá de canela em pó

3/4 xícara (1 1/2 palitos) de manteiga sem sal

2/3 xícara de açúcar

1 ovo grande

Enchimento

1 libra de ricota inteira ou parcialmente desnatada

1/4 xícara de açúcar

1 colher de chá de raspas de limão ralada

1 ovo grande, batido

¼ xícara de passas

Açúcar de confeiteiro

1. Coloque uma gradinha no centro do forno. Pré-aqueça o forno a 350°F. Unte e enfarinhe uma forma de mola de 23 cm. Retire o excesso de farinha.

2. Em uma tigela grande, misture a farinha, o sal e a canela.

3. Em uma tigela grande, na batedeira em velocidade média, bata a manteiga e o açúcar até obter um creme claro e fofo, cerca de 3 minutos. Junte o ovo. Em velocidade baixa, misture os ingredientes secos até que a mistura esteja bem misturada e forme uma massa firme, cerca de mais 1 minuto.

4. Prepare o recheio: Misture a ricota, o açúcar e as raspas de limão até misturar bem. Adicione o ovo e mexa bem. Junte as passas.

5. Esfarele 2/3 da massa na assadeira preparada. Pat as migalhas firmemente para formar a crosta inferior. Espalhe com a mistura de ricota, deixando uma borda de 1/2 polegada ao redor.

Esfarele o restante da massa por cima, espalhando as migalhas por igual.

6. Asse por 40 a 45 minutos ou até que o bolo esteja dourado e um palito inserido no centro saia limpo. Deixe esfriar na forma sobre uma gradinha por 10 minutos.

7. Passe uma espátula de metal fina pelo interior da panela. Retire a borda da forma e deixe esfriar completamente o bolo. Polvilhe com açúcar de confeiteiro antes de servir. Guarde coberto com uma tigela grande invertida na geladeira por até 2 dias.

Bolo De Trigo De Páscoa

La Pastiera

Bagas de trigo adicionam uma textura levemente mastigável a este tradicional bolo de Páscoa napolitano. Essa foi a receita da mãe do meu pai, que ela trouxe de Procida, uma ilha na costa de Nápoles. Os napolitanos adoram esta sobremesa e você a encontrará nas padarias e restaurantes da região o ano todo. Tanto a crosta quanto o recheio são aromatizados com canela e água de flor de laranjeira, uma delicada essência feita de flores de laranjeira, muito utilizada nas sobremesas do sul da Itália. Pode ser encontrado em muitas lojas gourmet, lojas de especiarias e mercados étnicos. Substitua o suco de laranja fresco se não conseguir encontrá-lo. O trigo descascado é frequentemente encontrado em mercados italianos e lojas de produtos naturais, ou experimente ofontes de pedidos por correspondência.

Massa

3 xícaras de farinha de trigo

1/2 colher de chá de canela em pó

1/2 colher de chá de sal

¾ xícara (1½ palitos) de manteiga sem sal, amolecida

1 xícara de açúcar de confeiteiro

1 ovo grande

2 gemas grandes

2 colheres de chá de água de flor de laranjeira

Enchimento

4 onças de trigo descascado (cerca de 1/2 xícara)

½ colher de chá de sal

½ xícara (1 palito) de manteiga sem sal, amolecida

1 colher de chá de raspas de laranja ralada

1 libra (2 xícaras) de ricota inteira ou parcialmente desnatada

4 ovos grandes, em temperatura ambiente

⅔ xícara de açúcar

3 colheres de sopa de água de flor de laranjeira

1 colher de chá de canela em pó

½ xícara de cidra cristalizada bem picada

½ xícara de casca de laranja cristalizada bem picada

Açúcar de confeiteiro

1. Prepare a massa: Em uma tigela grande, misture a farinha, a canela e o sal.

2. Em uma tigela grande com a batedeira em velocidade média, bata a manteiga e o açúcar de confeiteiro até obter um creme claro e fofo, cerca de 3 minutos. Adicione o ovo e as gemas e bata até ficar homogêneo. Junte a água de flor de laranjeira. Adicione os ingredientes secos e mexa apenas até misturar bem, cerca de mais 1 minuto.

3. Molde 1/4 da massa em um disco. Faça um segundo disco com a massa restante. Embrulhe cada pedaço em filme plástico e leve à geladeira por 1 hora durante a noite.

4. Prepare o recheio: Coloque o trigo em uma tigela grande, adicione água fria até cobrir e deixe de molho durante a noite na geladeira. Escorra o trigo.

5. Coloque o trigo embebido em uma panela média com água fria até cobrir. Adicione o sal e leve para ferver em fogo médio. Cozinhe, mexendo ocasionalmente, até o trigo ficar macio, 20 a

30 minutos. Escorra e coloque em uma tigela grande. Junte a manteiga e as raspas de laranja. Deixe esfriar.

6.Coloque a grelha no terço inferior do forno. Pré-aqueça o forno a 350°F. Unte e enfarinhe uma forma de mola de 9 × 3 polegadas. Em uma tigela grande, misture a ricota, os ovos, o açúcar, a água de flor de laranjeira e a canela. Bata até misturar bem. Junte a mistura de trigo, a cidra e a casca de laranja cristalizada.

7.Abra o pedaço maior de massa em um círculo de 16 polegadas. Pendure a massa sobre o rolo. Usando o alfinete para levantá-la, coloque a massa na assadeira, alisando as rugas do interior da assadeira. Raspe o recheio sobre a massa e alise a superfície.

8.Abra o pedaço menor de massa em um círculo de 25 centímetros. Com um cortador de massa canelado, corte a massa em tiras de 1/2 polegada de largura. Coloque as tiras sobre o recheio em forma de treliça. Pressione as pontas das tiras contra a massa nas laterais da assadeira. Corte a massa, deixando 1/2 polegada de excesso em toda a borda e dobre a borda da crosta sobre as pontas das tiras da treliça. Pressione firmemente para selar.

9.Asse por 1 hora e 10 minutos ou até que o bolo esteja dourado por cima e um palito inserido no centro saia limpo.

10. Deixe o bolo esfriar na forma sobre uma gradinha por 15 minutos. Retire a borda da forma e deixe o bolo esfriar completamente sobre uma gradinha. Pouco antes de servir polvilhe com açúcar de confeiteiro. Conservar coberto com tigela invertida na geladeira por até 3 dias.

Bolo De Chocolate Avelã

Torta Gianduja

Rende 8 a 10 porções

Chocolate e avelã, uma combinação favorita no Piemonte, é conhecida como gianduja (pronuncia-se gyan-doo-ya). Você encontrará muitos doces feitos ou recheados com gianduia, gelato aromatizado com gianduia e a gianduia mais famosa de todas, Nutella, uma pasta cremosa de chocolate e avelã em pote que as crianças italianas preferem à manteiga de amendoim. Gianduja é também o nome do personagem da commedia dell'arte que representa Torino, capital do Piemonte.

Este bolo piemontês é escuro, denso e extremamente rico.

6 onças de chocolate meio amargo ou amargo

1 2/3 xícaras de avelãs torradas e sem casca (verComo torrar e descascar nozes)

1/2 xícara (1 palito) de manteiga sem sal, em temperatura ambiente

1 xícara de açúcar

5 ovos grandes, separados

Pitada de sal

Esmalte

6 onças de chocolate meio amargo ou amargo, picado

2 colheres de sopa de manteiga sem sal

1. Na metade inferior de banho-maria ou em uma panela média, leve 5 cm de água para ferver. Coloque o chocolate na metade superior do banho-maria ou em uma tigela que caiba confortavelmente sobre a panela. Deixe o chocolate repousar até ficar macio, cerca de 5 minutos. Mexa até ficar homogêneo. Deixe esfriar um pouco.

2. Coloque a grelha do forno no centro do forno. Pré-aqueça o forno a 350°F. Unte uma forma redonda de 9 × 2 polegadas.

3. Num processador de alimentos ou liquidificador, pique finamente as avelãs. Reserve 2 colheres de sopa.

4. Em uma tigela grande, na batedeira em velocidade média, bata a manteiga com o açúcar até obter um creme claro e fofo, cerca de 3 minutos. Adicione as gemas e bata até ficar homogêneo. Com uma espátula de borracha, misture o chocolate e as avelãs.

5. Em uma tigela grande e limpa com batedores limpos, bata as claras e o sal em velocidade média até formar uma espuma, cerca de 1 minuto. Aumente a velocidade para alta e bata até formar picos suaves, cerca de 5 minutos. Com uma espátula de borracha, misture delicadamente uma colher grande de claras na mistura de chocolate para clarear. Em seguida, adicione gradualmente o restante. Raspe a massa na forma preparada e alise a superfície. Asse por 55 a 60 minutos ou até que o bolo esteja firme nas bordas, mas ligeiramente úmido no centro.

6. Deixe esfriar na forma por 15 minutos sobre uma gradinha. Em seguida, desenforme o bolo sobre uma gradinha, inverta-o sobre outra gradinha e deixe esfriar completamente com o lado direito para cima.

7. Prepare a cobertura: leve cerca de 5 centímetros de água para ferver na metade inferior de um banho-maria ou em uma panela pequena. Coloque o chocolate e a manteiga na metade superior do banho-maria ou em uma tigela pequena e refratária que caiba confortavelmente sobre a panela. Coloque a tigela sobre a água fervente. Deixe repousar descoberto até o chocolate amolecer. Mexa até ficar homogêneo.

8. Coloque o bolo em uma gradinha sobre um pedaço grande de papel manteiga. Despeje a cobertura sobre o bolo e espalhe

uniformemente nas laterais e cubra com uma longa espátula de metal.

9. Polvilhe as 2 colheres de sopa restantes de nozes picadas ao redor da borda do bolo. Deixe repousar em local fresco até que a cobertura endureça.

10. Sirva em temperatura ambiente. Guarde coberto com uma tigela grande invertida na geladeira por até 3 dias.

Bolo De Amêndoa De Chocolate

Torta Caprese

Rende 8 porções

Não sei como esse delicado bolo se tornou uma especialidade de Capri, mas para mim é uma grande lembrança das minhas visitas por lá. Sirva com chantilly.

8 onças de chocolate meio amargo ou amargo

1 xícara (2 palitos) de manteiga sem sal, em temperatura ambiente

1 xícara de açúcar

6 ovos grandes, separados, em temperatura ambiente

11/2 xícaras de amêndoas, bem moídas

Pitada de sal

Cacau em pó sem açúcar

1. Na metade inferior de banho-maria ou em uma panela média, leve 5 cm de água para ferver. Coloque o chocolate na metade superior do banho-maria ou em uma tigela refratária que caiba confortavelmente sobre a panela. Deixe o chocolate repousar até

ficar macio, cerca de 5 minutos. Mexa até ficar homogêneo. Deixe esfriar um pouco.

2. Coloque a grelha do forno no centro do forno. Pré-aqueça o forno a 350°F. Unte e enfarinhe uma forma redonda de 23 cm. Retire o excesso de farinha.

3. Em uma tigela grande com a batedeira em velocidade média, bata a manteiga com 3/4 xícara de açúcar até obter um creme claro e fofo, cerca de 3 minutos. Adicione as gemas, uma de cada vez, batendo bem a cada adição. Com uma espátula de borracha, misture o chocolate e as amêndoas.

4. Em uma tigela grande e limpa com batedores limpos, bata as claras com o sal em velocidade média até formar uma espuma. Aumente a velocidade para alta e acrescente o 1/4 xícara de açúcar restante. Continue a bater até que as claras fiquem brilhantes e mantenham picos suaves quando os batedores são levantados, cerca de 5 minutos.

5. Dobre cerca de 1/4 das claras na mistura de chocolate para clarear. Aos poucos, adicione as claras restantes.

6. Raspe a massa na assadeira preparada. Asse por 45 minutos ou até que o bolo esteja firme nas bordas, mas macio e úmido no centro e um palito inserido no centro saia coberto com

chocolate. Deixe esfriar na forma sobre uma gradinha por 10 minutos.

7. Passe uma espátula de metal fina pelo interior da panela. Inverta o bolo em um prato. Vire-o com o lado direito para cima em uma grade de resfriamento. Deixe esfriar completamente e polvilhe com cacau em pó. Sirva em temperatura ambiente. Guarde coberto com uma tigela grande invertida na geladeira por até 3 dias.

Torta De Chocolate Com Laranja

Torta de Cioccolatta all' Arancia

Rende 8 porções

Chocolate e laranja formam uma excelente combinação neste bolo inusitado da Ligúria. Certifique-se de usar casca de laranja cristalizada úmida e saborosa para este bolo.

6 onças de chocolate amargo ou meio amargo

6 ovos grandes, em temperatura ambiente, separados

2/3 xícara de açúcar

2 colheres de sopa de licor de laranja

1 2/3 xícara de nozes torradas e picadas bem finamente (verComo torrar e descascar nozes)

1/3 xícara de casca de laranja cristalizada finamente picada

Açúcar de confeiteiro

1. Coloque a grelha no terço inferior do forno. Pré-aqueça o forno a 350°F. Unte e enfarinhe uma forma de mola de 23 cm, retirando o excesso de farinha.

2. Na metade inferior de banho-maria ou em uma panela média, leve 5 cm de água para ferver. Coloque o chocolate na metade superior do banho-maria ou em uma tigela que caiba confortavelmente sobre a panela. Deixe o chocolate repousar até ficar macio, cerca de 5 minutos. Mexa até ficar homogêneo.

3. Em uma tigela grande, na batedeira em velocidade média, bata as gemas e 1/3 xícara de açúcar até engrossar e ficar amarelo claro, cerca de 5 minutos. Junte o licor de laranja. Junte o chocolate, as nozes e a casca de laranja.

4. Em uma tigela grande e limpa, bata as claras em velocidade média até formar uma espuma. Aos poucos, acrescente a 1/3 xícara de açúcar restante. Aumente a velocidade e bata até que as claras fiquem brilhantes e formem picos suaves, cerca de 5 minutos. Com uma espátula de borracha, misture 1/3 das claras batidas na mistura de chocolate para clarear. Gradualmente, adicione o restante.

5. Raspe a massa na assadeira preparada. Asse por 45 minutos ou até que o bolo esteja firme nas bordas, mas ainda levemente úmido quando um palito for inserido no centro.

6. Deixe esfriar completamente o bolo na forma sobre uma gradinha. Passe uma espátula de metal fina pelo interior da

panela para soltá-la. Retire a borda e coloque o bolo em um prato de servir. Pouco antes de servir, polvilhe o bolo com açúcar de confeiteiro. Sirva em temperatura ambiente. Guarde coberto com uma tigela grande invertida na geladeira por até 3 dias.

www.ingramcontent.com/pod-product-compliance
Lightning Source LLC
Chambersburg PA
CBHW071332110526
44591CB00010B/1113